Sympathien

Magische Rezepte und Rituale

Eine Originalsammlung magischer Rituale
und Rezepte aus dem Süden Brasiliens
Zusammengetragen und ins Deutsche
übertragen von

Angelika Helga Ebersbach

Bibliografische Information der
Deutschen Nationalbibliothek
Die Deutsche Nationalbibliothek
verzeichnet diese Publikation in der
Deutschen Nationalbibliografie;
detaillierte bibliografische Daten sind
im Internet über http://dnb.d-nb.de
abrufbar

© 2007 Angelika Helga Ebersbach

Herstellung und Verlag : Book on Demand
GmbH, Norderstedt

ISBN – 13: 978-3-8370-0831-9

Vorwort 13

Wichtige Tipps für Deine Rituale 19

Konzentration 20

Befolge die Instruktionen 21

Mach Dein Ritual allein 22

Sei organisiert 22

Arbeite mit System 23

Sei diskret 23

Spezielle Aufmerksamkeit 24

Innere Einstellungen die Dir auf jeden
Fall helfen 25

Innere Einstellungen die Dich auf jeden
Fall behindern 25

Kapitel I 27

1. Vermehre Dein Geld 29

2. Besitz, Eigentum und Vermögen vor
Verlust bewahren 30

3. Mehr Geld haben 31

4. Immer eine gefüllte Geldbörse haben
.... 32

5. Finanziell schwierige Zeiten
überstehen und überwinden 33

6. Das ganze Jahr über genügend Geld
haben 34

7. Sparsamer sein und wirtschaftlicher
leben. 35

8. Den Haushaltsplan unter Kontrolle
haben 36

9. Erste Schritte zum sparen 36

10. Bewahrt ein Leben in finanzieller Ordnung 37

11. In finanzieller Sicherheit leben 38

12. Eine alte Schuld zurück erhalten 39

13. Extra Geld bekommen 40

14. Schulden begleichen oder Bedürftigen helfen 41

15. Drei Wünsche 42

16. Eine Schuld zurückgezahlt bekommen 43

17. Immer Glück haben 44

18. Einen Gewinn extra bekommen 45

19. Einen guten Immobilienverkauf tätigen 46

20. Mehr Geld bekommen 47

21. Schutz für Dein Leben 48

22. Erfolg im Leben 49

23. Finanzielle Situation verbessern 50

Kapitel II 51

Erreiche alles was Du Dir wünschst rund um Deine Arbeit 51

Diese kraftvollen Rituale verhelfen Dir zu mehr Erfolg 51

1. Glücklich und zufrieden sein am Arbeitsplatz 51

2. Genügend Energie für den Arbeitstag haben 52

3. Einen neuen Arbeitsplatz finden......53
4. Entfernt Neid und Missgunst am Arbeitsplatz.......................................54
5. Für gute Stimmung am Arbeitsplatz 55
6. Ein Schreibtisch der die Produktivität fördert.......................................56
7. Öffnet Wege in die Karriere............58
8. Schluss mit Streitereien am Arbeitsplatz.......................................59
9. Erfolgreich sein in neuen Projekten. 60
10. Eine Lohnerhöhung bekommen.....61
11. Deinen Arbeitsplatz behalten und bewahren.......................................62
12. Fördert die Karriere.......................63
13. Glück bei der Stellensuche............63
14. Frei sein von Sorgen 64
15. Nicht arbeitslos werden.................65
16. Die passende Arbeitstelle finden....66
17. Tag für Tag die Ruhe bewahren.....67
18. Mystische Hilfe für ein Vorstellungsgespräch.......................68
19. Einkommen erhöhen 69
20. Beschafft Arbeit 70
21. Geduld mit Deinem Vorgesetzten haben.......................................70
22. Ritual um den Arbeitsplatz Deiner Träume zu finden 71
23. Glück bei Geschäften....................72

24. Von Kollegen respektiert werden...73
25. Einen lukrativen Nebenjob finden..74
26. Erfolg im Beruf..............................75
Kapitel III...77
Magische Rituale und Rezepte rund ums
Glück..77
1. Bannt den bösen Blick.....................79
2. Schreckt Neid und Missgunst ab......80
3. Holt Gemeinheiten und
Böswilligkeiten aus dem Körper.........81
4. Gegen Alpträume...........................82
5. Kleide Dich in gute Energien..........83
6. Sich von negativen Energien befreien
....83
7. Böses abschrecken.........................85
8. Geist und Körper verschliessen........86
9. Gegen den bösen Blick...................87
10. Schaltet schlechte Schwingungen ab
....88
11. Schütze Dein Heim.......................89
12. Frei sein von Traurigkeit...............90
13. Wendet Missgunst ab....................91
14. Gegen alles Schlechte und Böse.....92
15. Dein Heim ohne negative Energien93
16. Hält Klatschmäuler fern am
Arbeitsplatz.....................................94
17. Ritual für eine ganze Woche des
Glücks...95

Kapitel IV..97
Vertraue auf die Macht und Kraft des
Wassers und der Pflanzen 97
1. Öffnet Wege und Möglichkeiten......97
2. Hält Feinde ab 98
3. Dieses Bad hilft Wünsche zu
realisieren 99
4. Erfolg im Leben 100
Kapitel V 101
Mit diesen Ritualen und Rezepten lebst
Du und Deine Familie in Harmonie...101
1. Wendet alles zum Guten 101
2. Hilft und unterstützt Deine Kinder bei
Prüfungen 103
3. Schütze Dein Heim vor allzu
neugierigen Blicken 104
4. Glück für Dein Heim 104
5. Schutz vor schlechten Energien 105
6. Gute Energien für Dein Heim 105
7. Vereint zerstrittene Geschwister 106
8. Frei sein von schlechtem Einfluss..107
9. Gesundheit für die ganze Familie ..108
10. Für Hamonie in der Familie........109
11. Überfluss und Wohlergehen für ein
neues Heim..110
12. Wunscherfüllung..........................111
13. Beseitigt alles Schlechte aus Deinem
Leben..112

Kapitel VI...115

Tschau Pech ! 115

Jetzt ist ein für alle mal Schluss mit der schlechten Phase Deines Lebens........115

1. Gebiete dem Pessimismus zu verschwinden.....................................116

2. Ruft Glück herbei 117

3. Wendet Undank ab 118

4. Es reicht ! Schluss mit dem Pech ...119

5. Nie mehr Pech haben.....................120

6. Schirmt Pech ab und zieht Glück an 121

7. Das Leben meistern.......................123

8. Treibt das Pech aus dem Haus........124

Kapitel VII...125

Erfolg total..125

Simpatien und Zauber die Türen für neue Möglichkeiten öffnen 125

1. Wohlstand......................................125

2. Gehe Deinen Weg ohne Hindernisse 126

3. Für Anerkennung am Arbeitsplatz . 127

4. Schlüssel zum Glück 128

5. Sichere Dir einen guten Arbeitsplatz 129

6. Glück und Erfolg für Dein ganzes Leben...130

7. Wachse in Deinem Beruf 131

8. Frieden und Glück Tag für Tag...... 132

9. Wendet Unheil ab 134

Kapitel VIII....................................... 135

Zusammenleben 135

Beseitige schlechte Einwirkungen und
Einflüsse aus Deinem Leben.............. 135

1. Wendet Feindschaften ab 136

2. Damit sich Feindschaften in
Freundschaften wandeln 137

3. Verteidige Dich gegen Neid und
Missgunst 138

4. Befreit von Neid............................ 139

5. Schreckt unerwünschte Besucher ab
.... 140

6. Beseitigt selbstsüchtige, eigennützige
oder berechnende Personen aus Deinem
Leben... 141

7. Frei von Feindschaften................... 142

8. Nimmt schlechten Personen die Kraft
.... 143

9. Bannt Klatschmäuler...................... 144

10. Lügner und Neider entlarven 145

11. Bannt und hält unerwünschte
Personen ab 146

12. Bannt Streit und Missgunst unter
Arbeitskollegen 147

13. Schütz Dein neues Heim vor
negativen Einflüssen 148

14. Glück mit neuen Freunden 149
15. Bannt und wendet Intrigen an
Deinem Arbeitsplatz ab 150
Kapitel IX 151
Macht und Kraft der Kerzen 151
Bring Licht in Dein Leben mit der Macht
und der Kraft der Kerzen 151
Kerzen und die Sprache der Farben ... 152
Die Farbe Blau 153
Die Farbe Gelb 154
Die Farbe Gold 155
Die Farbe Grün 155
Die Farbe Lila / Violett 156
Die Farbe Silber 157
Die Farbe Weiss 157
Die Farbe Rosa 158
Die Farbe Rot 159

Vorwort

Dieses Buch ist Teil einer Serie über die praktische Spiritualität Brasiliens.

Ich lebe seit einigen Jahren in Brasilien und habe im Laufe der Zeit, aus den verschiedensten Glaubenströmungen, Rituale, Zauber, magische Rezepte und anderes zusammen getragen.

Es gibt reichliche, deutschsprachige Literatur über die verschiedensten brasilianischen Religions,- und Glaubensformen (wie z.B. Umbanda, Macumba, Candomble und andere).

Wer also weiterreichende Informationen, über die hinter diesen Glaubensformen stehenden Konzepte und Theorien sucht, wird sicherlich schnell fündig werden.

Ich möchte es in diesem Buch jedoch so halten wie die Brasilianer.

Wichtiger als die theoretischen Hintergründe ist, für die brasilianische Bevölkerung, die praktische Anwendung, sowie der Nutzen eines Rituales oder Zaubers.

In der Regel, geht eine Brasilianerin oder ein Brasilianer bei einem Problem oder mit einer Schwierigkeit in seinem Leben oder einem Wunsch in etwa folgerndermassen vor :

Als erstes wird sie/er sein Problem oder seine Bitte dem bevorzugten Schutzheiligen vortragen.

Die Anzahl der Schutzheiligen ist hier ebenso vielfältig, wie es auch die Kulturen, die hier in Brasilien zusammen kommen, auch sind.

Nossa Senhora Aparecida (die Schutzheilige Brasiliens)

Nossa Senhora dos Navigantes (weit verbreitet im Süden Brasiliens)

San Jorge (entspricht dem europäischen Heiligen Georg)

Santa Luzia (wird z.B. gern für Augenprobleme um Hilfe gebeten)

Santa Rita (hilft bei allem, was Du für Unmöglich hälst)

Santo Expedito (Schutzpatron der Studenten, Polizei, Militär, wird für alles, was Dir unmöglich erscheint angerufen)

Und so weiter und so weiter.

Diese Auflistung liesse sich noch um ungezählte andere erweitern.

Darüber hinaus hat jeder Schutzheilige auch noch seine Entsprechung in der Umbanda – Religion.

So entspricht z.B. San Jorge (oder auch der Heilige Georg), dem Umbanda Orixa „Ogum"

Dies soll jedoch nur eines von unzähligen Beispielen sein, die belegen, dass es durchaus auch ein , - durch die offiziellen Kirchen akzeptiertes - , Miteinander geben kann.

Doch nun zurück zu unserem problemgeplagten Brasilianer.

Bevor er nun sein Problem, seinem Schutzheiligen vorträgt, wird er eine oder mehrere Kerzen entzünden, dies wird er entweder in den eigenen vier Wänden tun, oder aber eine Kirche, oder Kapelle aufsuchen, die eventuell sogar eine Statur seiner Schutzheiligen beherbergt.

Sollte jedoch all dies in seiner näheren Umgebung nicht vorhanden sein, wird er sich eines Bild, einer kleine Statur oder auch nur seiner Imaginationskraft bedienen.

Darüberhinaus wird er ein kleines Ritual veranstalten.

Wie genau ein solches Ritual auszusehen oder zu verlaufen hat und welche Gegenstände er dafür zu verwenden hat, wird er mit Sicherheit bei einem oder einer Kundigen und in solchen Angelegenheiten erfahrenen Person, in seinem näheren Umkreis in Erfahrung bringen können.

Bei diesem, zumeist auch medial veranlagten Personen, kann man ein entsprechendes Ritual, gegen einen Obolus, auch in Auftrag geben.

Meistens werden jedoch solche Rituale, von den Betroffenen selber, im eigenen Heim oder in dessen näheren Umgebung durchgeführt.

Brasilien ist zwar überwiegend katholisch geprägt, doch wurden hier, auf eine absolut natürliche Art und Weise, die verschiedensten Glaubensrichtungen und Kulturen vermischt.

Der Todernst der westlichen Kulturen, im Umgang mit Magie und Ritualen, hat sich in Brasilien nicht durchsetzen können.

Ganz im Gegenteil.

Hier ist es vollkommen natürlich, am Sonntagmorgen den Gottesdienst zu besuchen und in der darauf folgenden Nacht, an einer Wegkreuzung ein Umbanda Ritual zu veranstalten oder ein Opfermahl darzubieten.

Dies spiegelt sich auch in den hier zusammen getragenen Ritualen wieder.

Die verwendeten Gegenstände und Zutaten, sind keine sterilen, schwer zu beschaffenden Ingredenzien.

Mitnichten !

In der Regel werden immer Dinge des täglichen Lebens genutzt.

Lebensmittel, Kerzen, Pflanzen, Blumen, Haushaltsgegenstände...

Wenn zum Beispiel von einer Vase die Rede ist, dann kann dies ebensogut ein ausrangiertes Marmeladenglas sein, wie auch eine teure Kristallvase.

Was Du benutzt ist ebenso abhängig von Deinen persönlichen Vorlieben, wie von Deinem Geldbeutel.

Das Ergebnis wird immer das gleiche sein.

Ich habe hier einige Rituale, für die unterschiedlischsten, jedoch auch alltäglichen Problematiken zusammengetragen.

Wichtige Tipps für Deine Rituale

Einige Worte damit Deine Rituale sicher funktionieren.

Es gibt Personen die Rituale durchführen und nicht verstehen können, warum sie nicht bekommen, was sie sich wünschen.

Kann sein, dass sie vergessen, dass sie über die Ingredenzien hinaus, die für ein Ritual erbeten werden, noch jede Menge Glauben benötigen und darüber hinaus auch noch andere spezielle Aufmerksamkeiten.

Zu allererst brauchst Du Vertrauen.

Die Sicherheit alles richtig darzubieten.

Ein Ritual zu beginnen, mit dem kleinsten Zweifel ob es funktioniert oder nicht, sollte gar nicht erst begonnen werden.

Denn Dein Glauben ist eine der Hauptzutaten für jedwedes Ritual, unabhängig davon was Du zu erlangen wünschst.

Dieses Gefühl wird sich noch steigern,
wenn Du Deine Angelegenheiten dringend
benötigst.

Dein Glaube gewinnt gleichermassen an
Kraft, wie Dein Verlangen nach etwas.

Glaube und Du wirst das Resultat erleben !

Konzentration

Der Lärm eines laufenden Fernseher oder
Radios, das Gemurmel von Unterhaltungen
im Hintergrund, können den Erfolg Deines
Rituales schmählern.

Während eines Rituales sollte es keinen
Grund geben, es an der notwendigen
Konzentration fehlen zu lassen.

Stürze Dich nicht in diese Falle.

Wenn Du dich entschliesst, ein Ritual zu
zelebrieren, dann vergiss, dass es eine Welt
da draussen gibt.

Bevorzuge einen ruhigen Ort oder warte,
bis Du allein sein kannst um deine Magie,
Dein Ritual durchzuführen.

So wird es viel leichter sein, Deine Aufmerksamkeit auf das zu konzentrieren, was Du machen willst.

Befolge die Instruktionen

Das Verlangen Zutaten durch andere zu ersetzen, nur weil diese vielleicht schwer zu besorgen sind, kann ebenso gross sein, wie die Verlockung den Vorgang selber zu vereinfachen (z.B. wenn etwas vor Sonnenaufgang gemacht werden soll).

Auf gar keinen Fall sollte Deine Faulheit die Oberhand gewinnen.

Solltest Du eine Zutat nicht auftreiben können, dann schau lieber ob Du ein anderes Ritual finden kannst, welches leichter zu realisieren ist.

Für jede Person gibt es das richtige Ritual und jedes Ritual hat seine Berechtigung, ebenso wie jede einzelne Zutat.

Daher solltest Du keine faulen Kompromisse eingehen.

Mach Dein Ritual allein

Was die hier vorgestellten Rituale am wenigsten brauchen, ist die Anwesenheit irgendwelcher Zuschauer oder Helferlein.

Sicherlich, es gibt Rituale bei denen mehre Personen anwesend sein sollten, doch die hier genannten Rituale verlangen nur die Anwesenheit, Aufmerksamkeit und Konzentration einer einzigen Person....

Nämlich Deine.

Sei organisiert

Leg alle Dinge, die Du für Dein Ritual benötigst (Kerzen, Räucherstäbchen etc) schon vor Beginn Deines Rituales bereit. Es gibt nichts schlimmeres, als das Du mitten im Ritual wegrennen musst, nur weil Du vielleicht eine Prise Salz vergessen hast.

Arbeite mit System

Sicherlich hast Du viele Wünsche und Du hast das Recht, alles zu bekommen was Du Dir wünschst, jedoch solltest Du immer ein Ziel nach dem anderen anstreben.

Das heisst, mach immer nur ein Ritual nach dem anderen.

Wenn z.B. Deine Priorität zur Zeit auf der Beschaffung einer Arbeitsstelle liegt, dann investiere zuerst in ein Ritual dafür.

Wenn dieses Problem dann gelöst ist, kannst Du das nächste (z.B. die Liebe) in Angriff nehmen. Auf diese Art wirst Du bekommen, was immer Du Dir für Dein Leben wünschst.

Sei diskret

Für den Fall das Du einen Gegenstand einer anderen Person benötigst, sei besonders diskret und sorge dafür, dass mit diesem Gegenstand nichts geschieht.

Nur so kannst Du sicher sein, dass die betroffene Person nichts bemerkt, wenn Du den Gegenstand zurücklegst.

Darüber hinaus sprich mit niemanden über Dein Vorhaben, ein Ritual zu veranstalten.

Zum einen könnte sich die betreffende Person belästigt fühlen, Du könntest unsicher in Deinem Vorhaben werden, ja die Person selbst könnte sich sogar bedroht fühlen.

Spezielle Aufmerksamkeit

Sei immer ganz besonders aufmerksam, dass Du nichts tust, was Dir oder einer anderen Person Schaden zufügen könnte.

Innere Einstellungen die Dir auf jeden Fall helfen

Arbeite diszipliniert

Sei optimistisch

Glaube an den Erfolg Deiner Aktionen

Erwarte die Resultate mit Zuversicht

Innere Einstellungen die Dich auf jeden Fall behindern

Pessimismus

Misstrauen

Ungläubigkeit

Schlechte Gefühle (z.B. Neid, Eifersucht etc)

Mangelnde Disziplin, Unordnung, inneres Chaos

Kapitel I

Die hier zusammengetragenen

Rezepte und Rituale drehen sich rund

ums Geld, finanzielle Probleme,

Schulden, Lohnerhöhung, einen

Arbeitsplatz finden usw

Wenn das Leben ein Meer aus Rosen wäre,
ohne jedes Problem oder Schwierigkeit, das
wäre doch einfach nur fabelhaft.

Oder etwa nicht ?

Doch die Dinge funktionieren nicht immer
so, wie wir es gern hätten.

Und wie mit allen Angelegenheiten des
täglichen Lebens, haben wir auch hier
verschiedene Möglichkeiten zu reagieren.

Wir können den Kopf in den Sand stecken, resignieren und in der Opferrolle abwarten, dass unsere Schwierigkeiten und Probleme von allein vorbeigehen, oder wir können handeln.

Die hier zusammen getragenen Rezepte und Rituale geben dir die Móglichkeit zum handeln.

Sie sind ein kraftvolles Werkzeug, um aktiv mit zu helfen, Deine Situation, Deine Probleme, oder Deine Schwierigkeiten zu Deinen Gunsten zu wenden.

In diesem Buch findest Du ein Rezept oder Ritual für fast jedes Problem.

Doch bevor Du anfängst, eine Magie durchzuführen, musst Du zuerst Deine Zweifel beseitigen.

Deine Zweifel in Bezug darauf, wie und warum diese Rituale funktionieren.

Danach kannst Du ein magisches Ritual oder Rezept wählen, welches Dir behilflich sein wird eine Lösung für Deine Schwierigkeiten herbei zu führen.

1. Vermehre Dein Geld

Sammele 7 Münzen von geringem Wert und gehe damit an einen Ort, an dem Blumen oder Bäume wachsen.

Dort werf die Münzen aus, so wie Du Samen auswerfen würdest.

Mit lauter Stimme sage :

„Ich biete Euch unsichtbaren Mächten, diese Münzen zum Tausch gegen hunderte und tausende Münzen eines höheren Wertes."

Dann verlasse den Ort, ohne Dich umzudrehen oder zurück zu blicken.

2. Besitz, Eigentum und Vermögen vor Verlust bewahren

Nimm 3 Münzen eines beliebigen Wertes.

3 Stücke Konfekt oder Pralinen

und 3 Lutschbonbons

Mit all dem gehe an einen öffentlichen Platz oder einen Park.

Dort lege alles zusammen auf eine Bank und widme diese Gaben

San Cosme und San Damiáo.

Von dort gehe direkt in eine Kirche und sprich einen Rosenkranz, mit Gedanken an die beiden Heiligen.

3. Mehr Geld haben

Lege etwas Erde, 2 weisse Blumen und 2 Suppenlöffel Zucker in ein weisses Küchenhandtuch, welches noch nier zuvor benutzt wurde.

Nun nimm die Zipfel des Handtuches, so als wolltest Du ein Bündel machen und binde diese mit einem gelben Band zusammen.

Dann hänge Dein Bündel in einen Baum in Deinem Garten oder hinter die Eingangstür Deiner Wohnung.

Dort lasse es dann 7 Tage hängen.

Am 8. Tag vergrabe Dein Bündel in Deinem Garten, oder in einem grossen Blumentopf.

4. Immer eine gefüllte Geldbörse haben

Nimm einen Teller, auf diesen Teller lege einen Geldschein und eine Münze von beliebigem Wert.

Schein und Münze bedecke mit einer Handvoll Zucker.

Neben den Teller stelle einen Unterteller, auf diesem entzünde eine gelbe Kerze.

Lies 7 Vater – Unser und 7 Ave – Maria

Und anschliessend sprich die folgenden Worte mit festem Glauben:

„Niemals fehlt es mir an Geld, im Gegenteil ich habe immer noch etwas übrig. Ich schwöre, mit dem Überschuss zu helfen, wer Hilfe benötigt."

Vergiss niemals Deinen Schwur auch einzuhalten.

Den Zucker und die Reste der Kerze schmeisse in den Müll. Teller und Unterteller kannst Du nach der Reinigung, wie gewöhnlich benutzen. Säubere den Schein und die Münze und benutze sie ebenfalls wie gewöhnlich.

5. Finanziell schwierige Zeiten überstehen und überwinden

Gleich nach dem Aufstehen, erhitze einen Liter Wasser in einem Topf, zusammen mit einem Glas roher Reiskörner.

Lasse alles kurz aufkochen, dann nimm den Topf vom Ofen.

Trenne das Wasser vom Reis und lass das Wasser abkühlen.

Anschliessend nimm ein Bad wie gewöhnlich und dann schütte das Reiswasser über Deinen Körper.

Vom Kopf aus lass das Wasser über Deinen Körper nach unten laufen.

Anschliessend trockne Dich wie gewohnt ab, ohne jedoch das Reiswasser abgespült zu haben.

Den Reis kannst Du anschliessend in den Müll werfen, oder im Garten vergraben.

6. Das ganze Jahr über genügend Geld haben

Suche eine Ameisenstrasse, auf der die Ameisen dabei sind Nahrung in den Ameisenbau zu tragen.

Auf der Strecke zum Ameisenhaufen lege 20 Münzen eines niedrigen Wertes auf der Ameisenstrasse nieder.

Die 21. Münze lege exakt auf dem Eingang zum Ameisenhaufen ab, so als würdest Du den Bau verschliessen.

Dann verlasse den Ort ohne Dich umzudrehen oder Dich umzublicken.

7. Sparsamer sein und wirtschaftlicher leben.

In der ersten Nacht des Neumodes, gehe an einen Ort, von dem aus Du die Mondsichel sehen kannst.

Dort sprich 3 mal mit lauter Stimme:

„Gesegneter Mond, der Du Einfluss hast über jeden von uns, ich bitte darum, mein Geld zurückhalten zu können, um mein Leben zu verbessern."

Anschliessend öffne eine Bibel an irgendeiner Stelle und lies die Seite, die Du aufgeschlagen hast.

Du kannst dieses Ritual immer an Neumond wiederholen, wenn Du glaubst Deine Kräfte oder Deinen Wunsch erneuern zu müssen.

8. Den Haushaltsplan unter Kontrolle haben

Um nicht zuviel Geld auszugeben und dann darunter leiden zu müssen, dass am Monatsende das Geld fehlt, solltest Du immer ein vierblättriges Kleeblatt (oder wenigstens ein Bild davon in Deiner Geldbörse mit Dir führen.

9. Erste Schritte zum sparen

Wenn Du anfangen willst zu sparen, eröffne ein Sparbuch oder Sparkonto an einem Tag mit zunehmendem Mond oder einem Vollmondtag.

Wenn Du bei abnehmendem Mond beginnst zu sparen, können die Schwierigkeiten grösser sein und Du wirst nur frustriert.

10. Bewahrt ein Leben in finanzieller Ordnung

Nimm eine Limone (oder Zitrone) und schneide diese in der Mitte durch.

Presse den Saft aus beiden Hälften gut aus und schütte diesen weg.

Nun lege in eine der beiden Hälften , 3 Münzen eines niedrigen Wertes und verschliesse die Limone wieder mit der anderen Hälfte.

Binde beide Hälften mit einem weissen Band zusammen, so das sie sich nicht mehr lösen können.

Dann vergrabe die Limone in Deinem Garten oder einer blühenden Topfpflanze und rühre sie nicht wieder an.

Wiederhole diese Magie einmal jährlich.

11. In finanzieller Sicherheit leben

In einen Eimer gib eine Handvoll Salz,
3 Liter Wasser und
100ml Haushaltsreiniger Marke Kiefern,-
oder Pinienduft.

Kiefer oder Pinie lockt Reichtum an und
beseitigt Miseren.

Mit einem herkömmlichen Wischtuch oder
Schrubber reinige nun Dein Haus oder
Deine Wohnung. Beginne mit dem Raum,
der am weitesten von der Eingangstür
entfernt ist und arbeite in Richtung
Eingang. Reinige das Wischtuch wie
gewöhnlich beim wischen, immer wenn es
nötig ist. Wenn nötig, wechsele das
Putzwasser gegen eine neue Mischung aus.

Während des Reinigens wiederhole ständig
im Geiste :

„Reinige mein Heim ‚damit in ihm immer
Überfluss herrscht, im Namen der
gesegneten Seelen."

Anschliessend benutze Wischlappen, Eimer
und Schrubber in gewohnter Weise.

12. Eine alte Schuld zurück erhalten

Schreib den Namen der Person, die die etwas schuldet, auf ein Stück Papier und steck den Zettel in ein Glas mit Deckel.

Nun füge dem Zettel noch eine Münze eines beliebigen Wertes und ein Prise Zucker bei.

Fülle das Glas mit Wasser auf und verschliesse es fest.

Sprich 3 Glaubenbekenntnisse und wiederhole :

„(Name der Person...) Ich wünsche Dir von ganzen Herzen Glück, Freude und Überfluss, doch Du wirst erst wieder in Frieden leben können, wenn Du mich bezahlt hast."

Anschliessend stelle das Glas in ein Gefrierfach, dort lasse es für 7 Tagen stehen .Am 8. Tag nimm es heraus und schmeisse es weit fort von Deinem Haus in den Müll.

13. Extra Geld bekommen

Gehe in einen Supermarkt oder auf einen Markt und kaufe 21 rote Pfefferschoten.

Kehre dann in Dein Haus zurück.

Auf dem gesamten Heimweg sprich soviele Vater – Unser wie Du brauchst, um die Strecke zurück zu legen.

Zuhause angelangt, mache eine Paste aus den Pfefferschoten, zusammen mit 3 Suppenlöffeln Alkohol.

Verreibe diese Masse an allen Ecken Deines Hauses, aussen.

Oder falls Du in einer Wohnung lebst, in allen Ecken eines jeden Raumes.

Die Reste der Masse schmeisse in den Müll.

14. Schulden begleichen oder Bedürftigen helfen

Kaufe eine kleine Buddha Figur oder ein Bild (Grösse ist einerlei).

Stelle diese Figur an einen Ort in Deinem Haus, an der sie sich besonders hervorhebt.

Schreibe den Namen der Person, der Du noch etwas schuldest, oder die Deiner Hilfe bedarf auf ein Stück Papier.

Den Zettel lege unter die Buddha Figur, zusammen mit einem Geldschein niedrigen Wertes.

Den Geldschein musst Du jeden Samstag austauschen, solange bis Deine Schuld bezahlt ist, oder die Person Deiner Hilfe nicht mehr bedarf

Wenn alles erreicht ist, was Du erreichen wolltest, wirf den Zettel mit dem Namen der Person in den Müll.
Das Bild oder die Figur des Buddhas bewahre an einem Ort Deiner Wahl auf.

15. Drei Wünsche

Nimm einen Granatapfel und schneide ihn in der Mitte durch.

Nimm drei Samenkörner heraus und lege diese auf ein Stück blaues Papier.

Dann falte das Papier zusammen mit den Samenkörnern viermal.

Während Du dies tust, fixiere Deine Gedanken auf die heiligen drei Könige,

Melchior, Kaspar und Balthasar.

An jeden der drei Könige richte eine Bitte oder einen Wunsch.

Bewahre anschliessend das gefaltete Paier mit den Samenkapseln in Deiner Brieftasche oder Deiner Geldbörse auf.

Nach einem Jahr schmeisse es fort und wiederhole diese Magie.

Wenn möglich mache dieses Ritual immer am 6. Januar eines Jahres.

Die Reste des Granatapfels iss auf.

16. Eine Schuld zurückgezahlt bekommen

Nimm 7 Körner grobkörnigen Salzes und gehe damit 6 Strassenkreuzungen, von Deiner Wohnung aus weit.

An jeder Strassenecke lege ein Salzkorn ab.

Wenn Du zurückgehst halte das 7. Salzkorn in der geschlossenen Hand.

Zuhause schreibe den Namen der Person, die Dir etwas schuldet auf ein Stück weisses Papier und lege das 7. Salzkorn oben auf.

Nun bitte alle gesegneten Seelen darum, Dir zu helfen, Dein Geld zurück zu bekommen.

Anschliesend falte das Papier zusammen, achte darauf das das Salzkorn nicht verloren geht und bewahre alles unter Deiner Matratze auf.

Wenn Du Dein Geld bekommen hast schmeiss das Papier in den Müll und entzünde in einer Kirche in der Nähe deiner Wohnung, 7 Kerzen als Zeichen Deines Dankes.

17. Immer Glück haben

Zur Mittagsessenszeit sammele 30 gekochte Reiskörner in einer Serviette.

Diesen Reis widme Gott in Erinnerung an alle Menschen die Hunger leiden müssen.

Bewahre die Serviette mit dem Reis 3 Tage auf. Danach lege die Reiskörner zu Füssen eines Baumes nieder, damit der Reis den Vögeln als Futter dient.

Die Serviette schmeisse in den Müll.

Anschliessend sprich ein Vater – Unser als Dank.

18. Einen Gewinn extra bekommen

Nimm ein Bild Deines bevorzugten Schutzheiligen und lege es auf einen, mit Wasser gefüllten Teller, zusammen mit 7 rohen Reiskörnern.

Wechsele das Wasser und den Reis 7 mal an 7 aufeinanderfolgenden Tagen und schütte das alte Wasser, zusammen mit dem Reis in einen Garten oder einen Blumentopf.

Anschliessend hänge das Bild Deines Schutzheiligen, mit dem Rücken nach vorn an Deine Eingangstür.

Wiederhole diese Magie 4 Wochen.

Danach reinige den Teller und benutze ihn wie gewöhnlich.

19. Einen guten Immobilienverkauf tätigen

Koche ein Glas Wasser zusammen mit 3 Stengeln Rosmarin und einigen Blättern eines Geldbaumes.

Lass alles abkühlen, rühre nochmals gut um und gibt dann alles zusammen in ein Glas.

Neben dem Glas entzünde eine braune Kerze auf einem Unterteller.

Unter das Glas lege einen Geldschein beliebigen Wertes.

Wenn Du die Kerze entzündet hast, nimm einen beliebigen Schlüssel und gibt diesen ebenfalls in das Glas.

Wenn die Kerze verloschen ist, schütte das Wasser des Glas in das Küchenspülbecken der Immobilien, die Du zu vekaufen wünschst.

Schlüssel, Glas und Unterteller benutze nach der Reinigung wie gewohnt.

Die Pflanzenteile sowie die Reste der Kerze schmeisse in den Müll.

20. Mehr Geld bekommen

In der ersten Nacht des Vollmondes bedecke den Boden eines Tellers mit einer Handvoll Reis mit Schale (naturbelassener, ungeschälter Reis).

Und oben auf lege einen Geldschein niedrigen Wertes.

Stelle alles an einen Ort, wo es von den Strahlen des Mondes beschienen wird.

Am folgenden Morgen nimm den Teller und stell ihn an einen Ort, wo niemand ihn sehen kann.

Wiederhole den Vorgang mit den gleichen Zutaten in allen Vollmondnächten.

Am letzten Tag wirf den Reis in einen Garten mit Blumen oder ein Blumenbeet und bewahre den Geldschein bis zum nächsten Vollmond in Deiner Geldbörse auf.

Danach kannst Du ihn wie gewöhnlich nutzen.

Spüle den Teller gut ab bevor Du ihn wieder benutzt.

21. Schutz für Dein Leben

An einem beliebigen Tag stehe morgens vor Sonnenaufgang auf und lies den Psalm 4.

Anschliessend sprich folgendes Gebet:

„Ich schätze Dich und Deine Hilfe sehr Oh Elemiah, der Du mein Wohlergehen behütest und schützt, bei all meinen Schritten und Aktionen. Mach ab heute, das all meine Ziele und Wünsche sich zu meiner vollkommenen Zufriedenheit entwickeln.

Mit Deiner Güte, Grösse und Kraft. Amen"

Wiederhole dieses Ritual einmal monatlich.

22. Erfolg im Leben

An einem beliebigen Freitag besuche eine Kirche und nimm an der Messe teil.

In die Kirche nimm mit:

3 Stengel Arruda (aromatische Heilpflanze)

und 3 Münzen eines beliebigen Wertes

Nach der Messe leg die Zweige und die Münzen an einem beliebigen Ort in der Kirche nieder oder zu Füssen Deines bevorzugten Schutzheiligen.

Dann verlass die Kirche.

Zuhause angekommen entzünde eine weisse Kerze auf einem weissen Unterteller und bitte Deinen Schutzheiligen darum dass er Dich behütet und Dir hilft, Deine finanzielle Situation zu verbessern.

Die Reste der Kerze schmeisse in den Müll.

23. Finanzielle Situation verbessern

Besorge Dir einen rohen Maiskolben mit Blättern.

Zuhause nimm den Kolben und wende die Blätter nach oben um, so das sie eine Verlängerung des Kolbens ergeben.

Nun binde ein rotes Band, welches noch nie zuvor benutzt wurde um die Blätter und hänge dann den Kolben innen an Deine Eingangstür oder Schlafzimmertür.

Während Du dies tust bitte darum, dass es Dir und Deiner Familie niemals an Geld fehlen wird.

Dort lass den Kolben hängen solange Du möchtest.

Wenn Du ihn abnimmst, schmeiss alles in den Müll.

Kapitel II

Erreiche alles was Du Dir wünschst
rund um Deine Arbeit
Diese kraftvollen Rituale verhelfen
Dir zu mehr Erfolg

1. Glücklich und zufrieden sein am Arbeitsplatz

An einem Freitag lege 7 Knoblauchzehen in eine Schublade an Deinem Arbeitsplatz, wo niemand sie sehen oder gar anfassen kann.

Lass die Knoblauchzehen dort für 7 Tagen liegen.

Am 8. Tag nimm sie und schmeiss sie weit entfernt von Deinem Arbeitsplatz in den Müll.

Wiederhole dieses Ritual immer wenn Du glaubst es sein nötig.

2. Genügend Energie für den Arbeitstag haben

Gleich nach dem Aufstehen trinke ein Glas kaltes Wasser (noch vor dem Frühstück)

Dann recke und strecke Deinen ganzen Körper.

Während Du dies tust, stell Dir vor, was Du heute an der Arbeit alles an guten und positven Dingen tun wirst.

Anschliessend sprich ein Vater – Unser, ein Ave – Maria und ein Glaubensbekenntnis.

Du wirst Dich viel frischer und schwungvoller fühlen und dem neuen Arbeitstag beschwingt entgegen treten.

3. Einen neuen Arbeitsplatz finden

Nimm einen Apfel und teile ihn in vier gleiche Teile.

Im Anschluss sprich über die Apfelteile folgende Worte :

„Genauso wie ich hier diesen Apfel zerteilt habe, genauso zerteilt sich auch mein Pech und Missgeschick ab diesem Augenblick und ich finde den Arbeitsplatz den ich so sehr will."

Anschliessend vergrabe die Apfelstücke in einem Blumentopf und pflanze eine Topfpflanze.

Dann sprich regelmässig einmal in der Woche ein Ave – Maria und ein Vater – Unser über der Topfpflanze.

4. Entfernt Neid und Missgunst am Arbeitsplatz

Bevor Du zur Arbeit gehst, nimm ein Glas Wasser und einen Stengel Arruda

(aromatische Heilpflanze) und tauche diesen in das Wasserglas.

Nun nimm den Stengel und tropfe einige Tropfen auf Deinen Kopf, Deine Hände und Deine Füsse, soll als wolltest Du Dich segnen.

Denk an Deinen Erfolg an der Arbeit und stell Dir vor, wie all Deine Feinde und Neider Abstand von Dir halten.

Anschliessen schmeiss den Stengel in den Müll und das Wasser schütte in den Ausguss.

Auf dem Weg zur Arbeit lege drei Münzen von beliebigen Wert in der Nähe einer Kirche ab und biete diese Münzen dar für San Cosme und San Damião.

5. Für gute Stimmung am Arbeitsplatz

An einem Sonntagmorgen nimm an einer Messe teil.

Während des gesamten Gottesdienstes halte eine Feige in Deiner rechten Hand und denke die ganze Zeit über an all Deine Kolleginnen und Kollegen inklusive Deines Chefes.

Nimm auch an der Kommunion teil. Während dieser halte die rechte Hand mit der Feige darin, vor Deine Brust.

Wenn Du die Kirche verlässt tauche die Feige in das Weihwasser und mache das Zeichen des Kreuzes.

Am nächsten Arbeitstag nimm die Feige mit und deponiere sie an einem Ort, wo sie niemand anrühren kann.

Einmal in der Woche nimm die Feige in die rechte Hand und sprich ein Vater – Unser, laut oder in Gedanken und bitte darum, dass alles gut läuft an Deinem Arbeitsplatz und jeder Deine Talente erkennt.

6. Ein Schreibtisch der die Produktivität fördert

Wenn Du gute Resultate und mehr Produktivität in Deinem Beruf wünschst, dann ist der erste Schritt dazu ein Schreibtisch, der diese Wünsche unterstützt.

Unordnung ist einer der grössten Feinde für beruflichen Erfolg.

Über die Schwierigkeiten hinaus, Deine Aufgaben und Dein Arbeitspensum zu erfüllen, bewirkt Unordnung und Durcheinander an Deinem Arbeitsplatz, dass alle Energien blockiert werden, da sie in einer unordendlichen Umgebung nicht frei fliessen können.

Weiter wertvolle Tipps:

Wenn Du zu Hause arbeitest, sollte Dein Schreibtisch möglichst nicht in Deinem Schlafzimmer stehen. Da die Funktion Deines Schlafzimmers darin besteht, Dir einen Ort der Ruhe, Erholung und Entspannung zu gewährleisten und eben keinen Ort der Arbeit.

Fotographien von Personen die Du liebst, z.B. Deiner Familie , auf Deinem Schreibtisch stimmulieren Deine Kreativität.

Wenn Du kannst und darfst, solltest Du immer Blumen in der Nähe Deines Schreibtisches haben. Blumen bringen seelisches Gleichgewicht und bereichern Dein Leben.

Wenn es in Deinem Arbeitumfeld viel Neid und Missgunst gibt und Du viel Tratsch und Klatsch zu hören bekommst, stelle ein Schüsselchen mit Salz an Deinem Arbeitsplatz auf.

7. Öffnet Wege in die Karriere

Auf ein Stück Papier schreibe mit Bleistift die folgende Bibelstelle:

„Im Schweisse Deines Angesichtes sollst Du Dein Brot essen, bis das Du wirst zu Erde, denn von dort bist Du gekommen und dahin wirst Du zurückkehren."

Diesen Zettel stecke in Dein Arbeitsbuch (oder Rentenversicherungsnachweis), lies diesen Zettel immer bevor Du zu einem Einstellungsgespräch oder Eignungstest gehst.

Stecke ihn anschliesend wieder ein und schlage dreimal mit dem rechten Fuss auf den Boden.

8. Schluss mit Streitereien am Arbeitsplatz

Jeden Tag, bevor Du das Haus verlässt um zur Arbeit zu gehen sprich mit leiser Stimme:

„Heute verlasse ich mit Heim mit Frieden und Freude im Herzen und ich kehre zurück mit den gleichen Gefühlen. Ich schwöre, dass ich nicht streiten werde, noch einem meiner Kollegen etwas schlechtes wünschen werde."

Dann schlage dreimal mit dem linken Fuss auf Deine Türschwelle.

Tue dies auch, wenn Du von der Arbeit zurückkehrst.

9. Erfolgreich sein in neuen Projekten

Schreibe auf ein grünes Stück Papier Deinen Namen und das, was Du zu erreichen wünschst.

Anschliessend falte das Papier gut und binde es mit einer Schnur fest zusammen.

Dann vergrabe es in der Nähe eines Baumes und sprich ein Vater – Unser und ein Glaubensbekenntnis.

Verlass den Ort ohne Dich umzudrehen oder zurückzublicken und Danke den Göttern der Natur für ihre Hilfe und Unterstützung.

10. Eine Lohnerhöhung bekommen

Kaufe einen Rosenkranz aus Holz und bitte einen Priester darum, ihn zu segnen.

Zuhause entzünde ein Räucherstäbchen Marke Myrre und räuchere den Rosenkranz, bis das Stäbchen erlischt.

Sprich dabei folgende Worte :

„Ihr göttlichen Wesen, voller Kraft und Macht, erleuchtet meinen Weg und helft mir bei meinem Wunsch. Lasst mein Einkommen steigen."

Anschliessend verpacke den Rosenkranz, so als wolltest Du ein Geschenk machen und deponiere das Päckchen in der Nähe deines Chefes.

11. Deinen Arbeitsplatz behalten und bewahren

Stelle zwei Kerzen, eine blaue und eine gelbe Kerze auf einen Unterteller.

Rund um die Kerzen mache einen Kreis aus Zimtpulver und lege auf dem Zimtkreis

7 Gewürznelken im Kreis aus.

Entzünde die Kerzen und lies den Psalm 91.

Wenn die Kerzen erloschen sind, nimm ein Stück Papier und schütte darauf den Zimt und die Nelken.

Achte darauf, das nichts danebengeht und auch kein Kerzenwachs dazwischen ist.

Nun mache einen Umschlag aus dem Papier und verpacke diesen gut, in der Seite einer Tageszeitung vom gleichen Tag.

Dann gehe zu Deiner Arbeitsstelle. Dort vor dem Eingang übergibt den Zimt und die Nelken dem Wind.

Achte darauf, dass Dich niemand dabei beobachtet.

Papier, Zeitung und Kerzenreste schmeisse in den Müll.

12. Fördert die Karriere

Nimm 3 Münzen eines niedrigen Wertes und 3 Stengel Arruda (aromatische Heilpflanze) und gehe mit allem zu einem Gottesdienst.

Im Anschluss lege die Münzen und Pflanzenteile zu Füssen deines Schutzheiligen nieder und bitte ihn darum Dich in Deiner Karriere zu fördern.

13. Glück bei der Stellensuche

Löse die Seiten der Zeitung, mit den Stellenanzeigen aus der Zeitung heraus und markiere die Stellenangebote, die Dich besonders interessieren.

Dann entzünde auf einem Unterteller eine weisse Kerze und bitte Deinen bevorzugten Schutzheiligen, um die Kraft Dein Bestes zu geben, bei der Auswahl der Kandidaten.

Anschliessend nimm die Zeitung und die Reste der Kerze und vergrabe sie in einem

Blumentopf mit blühender Pflanze in Deiner Wohnung.

Pflücke eine Blume und überreiche sie Deinem Schutzheiligen als Geschenk.

Von Deiner ersten Gehaltszahlung hinterlasse eine Spende in beliebiger Höhe in einer Kirche in der Nähe Deines Wohnortes.

14. Frei sein von Sorgen

Besorge Dir 13 Blätter Melisse und stecke diese in ein kleines weisses Stoffsäckchen, zusammen mit einem Abbild der Heiligen Carmen (Nossa Senhora do Carmo).

Verschliesse das Säckchen gut mit einer Schnur. Dann lege das Säckchen an eine Ort, wo es niemand sehen und anrühren kann.

Dort lasse es für 7 Tage.

Am 8. Tag nimm das Bild der Heiligen Carmen heraus und wirf die Melisseblätter und das Säckchen in den Müll.

Das Bild kannst Du immer wieder verwenden, wenn Du es benötigst.

15. Nicht arbeitslos werden

Besorge Dir ein Bild der Heiligen Sara.

Unten auf das Bild schreibe Deinen Nachnamen.

Für die Dauer von 7 Tagen lege das Bild hoch oben auf einen Schrank

(z.B. Kleiderschrank)

Während dieser 7 Tage sprich immer an der Tür, bevor Du das Haus verlässt, um zur Arbeit zu gehen, die folgenden Worte:

„Santa Sara, segne mich und mein Heim, ich brauche meinen Arbeitsplatz und mein Einkommen, damit es mir und meiner Familie niemals am Nötigsten mangelt.

Hilf mir bitte dabei, meinen Arbeitspatz und meine Arbeitskraft zu erhalten."

Am 8. Tag nimm das Bild der Heiligen Sara mit zur Arbeit und lege es auf Deinen Schreibtisch oder an einen Ort in Deiner Nähe.

16. Die passende Arbeitstelle finden

Entzünde 7 weisse Kerzen, die Du in der Form eines Kreuzes aufgestellt hast, auf einem Friedhof.

Unter die Kerzen lege einen Zettel, auf den Du folgende Worte geschrieben hast:

„Lieber San Jose, blicke mit Güte auf meine Kerzen und hilf mir die passende Arbeitsstelle zu finden. Wenn Du mir hilfst, schwöre ich, jeden Freitag für die Dauer von einem Jahr eine weisse Kerze, als Dank für Dich zu entzünden."

Dann mache das Zeichen des Kreuzes und sprich ein Gebet zu dem Schutzheiligen Deines Vertrauens.

Setze all Deinen Glauben in diese Magie und vergiss Dein Versprechen nicht, wenn Dein Wunsch erfüllt ist.

Die Kerzenreste schmeisse in den Müll.

17. Tag für Tag die Ruhe bewahren

Jeden Tag, wenn Du Deinen Arbeitsplatz erreichst schliesse die Augen, atme dreimal tief durch und sprich leise:

„Das gesegnete Licht erleuchtet mich, es bringt mir Harmonie und Ruhe für meinen Geist am heutigen Tag und immer. Dafür danke ich Dir,"

Konzentriere Dich auf diese Worte, während Du sie sprichst.

18. Mystische Hilfe für ein Vorstellungsgespräch

Wenn Du gut aus einem Vorstellungsgespräch hervorgehen willst und die entsprechende Stelle zu erhalten wünschst, folge den Anleitungen.

a.) Am Tag des Vorstellungsgespräch stehe früher auf als gewöhnlich und sprich dreimal: „Mein lieber Schutzengel, Du weisst wie wichtig dieser Arbeitsplatz für mich und mein berufliches Wachstum ist. Erleuchte meinen Weg."

b.) Anschliessend schreib alles auf, was Du bei dem Gespräch zu sagen wünschst. Dann entzünde ein Räucherstäbchen und führe Dein Papier mehrmals durch den Rauch. Bitte darum, das Deine Gedanken während des Gesprächs erleuchtet werden. Danach übergibt die Asche des Räucherstäbchens dem Wind und Deinen Brief schmeiss in den Müll.

c.) Zum Gespräch und während dessen trage immer einen Glücksbringer bei Dir (z.B. eine Feige, ein Kleeblatt oder ein Hufeisen) und vertraue darauf das Du die einzig in Frage kommende Person für diese Stelle bist.

19. Einkommen erhöhen

Nimm ein beliebiges Stück Stoff (neu nicht gebraucht) in der Grösse 20 mal 20 cm.

Darin wickele 3 Münzen eines niederen Wertes ein.

Dieses Paketchen lege in einen Blumentopf und pflanze dort einen Geldbaum ein.

Neben dem Topf entzünde eine gelbe Kerze auf einem Unterteller.

Lasse drei Tropfen Wachs in den Blumentopf tropfen, achte darauf das Deine Pflanze vom Wachs nicht getroffen wird.

Lasse die Kerze vollkommen niederbrennen dann schmeisse die Reste in den Müll.

Die Pflanze umsorge mit besonderer Aufmerksamkeit.

20. Beschafft Arbeit

Kaufe eine Medaille des Heiligen Jose, gehe damit in die nächste Kirche und tauche sie in Weihwasser.

Anschliessend sprich ein Gebet und bitte darum, Deine Wege zu erleuchten.

Die Medaille bewahre in Deiner Geldbörse oder Brieftasche auf.

21. Geduld mit Deinem Vorgesetzten haben

Nimm ein frisches Salatblatt, mit einem Stift schreibe den oder die Namen Deiner Vorgesetzten auf das Salatblatt.

Falte es dann gut und stecke es in ein kleines Stoffsäckchen, das Du selber per Hand gefertigt hast und verschliesse es mit Nadel und Faden.

Wenigstens einmal wöchentlich nimm nun dieses Amulettbeutelchen zwischen beide Hände und sprich ein Gebet zu San Jose, dem Schutzheiligen der Arbeiter.

Bitte ihn, Dir Tag für Tag mehr Wege zu eröffnen, damit Deine Vorgestzten Dich und Deine Arbeit respektieren, so wie Du sie respektierst.

Bitte weiter darum, dass es zwischen Dir und Deinen Vorgesetzten keine Unstimmigkeiten oder gar Streit gibt.

Nach einem Monat schmeisse das Säckchen in den Müll.

22. Ritual um den Arbeitsplatz Deiner Träume zu finden

Nimm einen schönen roten Apfel, in den Apfel stecke 2 neue, ungebrauchte Nägel.

Anschliessend vergrabe den Apfel in einem Garten.

Wenn Du den Arbeitsplatz bekommen hast, grabe den Apfel wieder aus, wickele ihn in die Seite einer Zeitung und schmeisse alles möglichst weit entfernt von Deiner Wohnung in den Müll.

23. Glück bei Geschäften

Am ersten Freitag eines Monates, am Morgen, mit nüchternem Magen, nimm 3 Stengel Rosmarin, 3 Lorbeerblätter und 3 Körner groben Salzes, sowie 3 Münzen eines beliebigen Wertes.

Tue alle in einen Kochtopf zusammen mit 3 Litern Wasser und koche alles kurz auf.

Dann lass alles abkühlen auf etwa 30 Grad.

Sammele alle Zutaten aus dem Topf und wirf sie in den Müll.

Das Wasser lass über Deinen Körper laufen, vom Kopf aus nach unten.

24. Von Kollegen respektiert werden

An einem beliebigen Montag kaufe einen Blumentopf mit blühenden Veilchen und nimm ihn mit an Deinen Arbeitsplatz.

Stell ihn an einen Ort wo ihn möglichst viele Deiner Kollegen sehen können.

Mach das Zeichen des Kreuzes über den Blumen, jeden Tag wenn Du zur Arbeit kommst und bedanke Dich für einen weiteren Tag der Freundschaften und Möglichkeiten.

Behüte die Topfpflanze.

25. Einen lukrativen Nebenjob finden

Gehe in den Hinterhof Deines Hauses (kann auch ein Balkon, Terrasse oder einfach Deine Einganstür sein).

Hebe die Arme zum Himmel und sprich mit so leiser Stimme, dass es nur Dein Schutzengel hören kann:

„Ich benötige eine Arbeit extra, das Geld das ich dadurch bekomme ist hier herzlich willkommen und soll dem Unterhalt meines Heimes zugute kommen."

Anschliessend entzünde eine blaue Kerze auf einem Unterteller.

Die Reste der Kerze bewahre in einer Schublade auf, wo sie ausser Dir niemand sehen und anrühen kann.

26. Erfolg im Beruf

An einem Freitag nimm 3 Kirschkerne und stecke sie in ein kleines weisses Säckchen und nähe dieses mit weissem Faden zu.

Am folgenden Tag gehe mit diesem Amulettsäckchen in ein Kirche und tropfe 3 Tropfen Weihwasser auf das Säckchen.

Danach lege Dein Amulett San Jose vor und bitte ihn, dass er Dir helfe bei Deinem Erfolg im Beruf und das es niemals Unstimmigkeiten oder gar Streit mit Deinen Kollegen und Vorgesetzten gibt.

Sprich ein Vater – Unser, mach das Zeichen des Kreuzes und kehre nach Hause zurück.

Das Säckchen bewahre in Deiner Geldbörse oder Brieftasche.

Kapitel III
Magische Rituale und Rezepte rund ums Glück

Jeder hat seine Wünsche und Träume und will diese nach Möglichkeit auch realisieren.

Damit dies garantiert auch eintrifft, ist es immer gut, mit der Hilfe des Glücks zu rechnen, positive Energien anzuziehen, die uns helfen, oder auch denen Hilfe und Beistand leisten, die wir lieben.

Aus diesem Grund veröffentlichen wir hier, eine Auswahl der besten brasilianischen Rituale und magischer Rezepte, um Ihnen den Erfolg für Ihre Unternehmungen zu sichern.

In diesem Kapitel finden Sie Rituale, magische Rezepte und allerlei Zaubereien für alle möglichen Gelegenheiten ;

Sei es um Schutz zu suchen, für Harmonie und Glück Ihrer Familie und Freunde, bis hin um sich zu befreien von Neid und Missgunst.

Einen Wunsch erfüllt bekommen, oder eine berufliche Position zu erobern, die Sie sich so sehr wünschen.

Sicher werden auch Sie hier einige Rituale und magische Rezepte finden, die Ihnen helfen und Glück bringen, Tag für Tag.

Sie brauchen nur zu suchen, anzufangen, niemandem Schaden zu zu fügen, fest genug zu glauben und schon steht Ihnen alles offen.

Viel Glück und Erfolg !

1. Bannt den bösen Blick

Wenn Du misstrauisch bist und glaubst, jemand wünscht Dir etwas Schlechtes, dann mach dieses kleine Ritual um die negativen Energien zu neutralisiern.

Nimm eine Flasche Schnaps (nach Möglichkeit ein Klarer, egal welche Sorte).

In die Flasche fülle noch hinein: 13 Muskatnüsse, eine Handvoll Gewürznelken und 5 Esslöffel Zucker.

Später schütte den Inhalt der Flasche in einen Blumentopf, mit einer Topfpflanze, schütte in der Art, dass Du einen Kreis rund um die Pflanze formst.

Widme diese Magie Santo Onofre. Die leere Flasche schmeisse anschliessend in den Müll

2. Schreckt Neid und Missgunst ab

Nimm 2 Knoblauchzehen und lass diese einige Tage in der Sonne trocknen

Dann nimm eine der beiden und befestige diese hinter einem Bild, welches möglichst in der Nähe deiner Eingangstür sein sollte.

Die 2. Knoblauchzehe wickele in eine kleines Tuch und trage sie als Amulett möglichst immer bei Dir.

3. Holt Gemeinheiten und Böswilligkeiten aus dem Körper

Wenn Du das Gefühl hast, jemand sendet dir Gemeinheiten oder Böswilligkeiten nach, oder Du fühlst Dich einfach als Opfer von Niederträchtigkeiten, dann bereite Dir ein Bad mit folgenden Zutaten:

1 Handvoll Kiefern oder Tannenzapfen, 1 Handvoll Rosmarin, 1 Handvoll Majoran, 1 Handvoll Eukalypthusblätter und die Blütenblätter einer weissen Rose.

Nimm dann ein Bad, in welches Du all diese Zutaten gegeben hast, oder bereite eine Schüssel vor, aus welcher Du das vorbereitetet Wasser über Deinen Körper fliessen lassen kannst, lass das Wasser vom Kopf aus nach unten über Deinen Körper fliessen.

Du kannst dieses Bad auch für andere bereiten, die unter Gemeinheiten zu leiden haben.

Nach dem Baden trage mindestens für eine Stunde weisse Kleidung. Die Reste der Pflanzenteile schmeisse anschliessend in den Müll.

4. Gegen Alpträume

Wenn ein Schreckgespenst die Träume von jemandem heimsucht, dann tue folgendes:

Veranlasse die betroffene Person ein Bild, oder eine Zeichnung des Traumgespenstes zu zeichnen, so gut sie es eben kann.

Anschliessend klebe die Zeichnung mit Klebstreifen an eine Wand im Schlafzimmer der betroffenen Person.

Lass die Zeichnung dort so lange hängen, bis es wirklich keinerlei Belästigung durch das Traumgespenst mehr gibt.

5. Kleide Dich in gute Energien

Um immer Glück zu haben, solltest Du immer zuerst den rechten Ärmel Deines Hemdes, oder Deiner Bluse, Tshirt etc anziehen, danach erst den linken.

In Hose oder Rock solltest Du immer mit beiden Beinen gleichzeitig einsteigen.

Wenn Du Dich auskleidest, solltest Du immer versuchen, möglichst wenig von der linken Seite (der Innenseite) Deiner Kleidung zu sehen.

6. Sich von negativen Energien befreien

Du benötigst folgende Zutaten :

½ Tasse grobkörnigen Salzes,
7 Lorbeerblätter,
½ Löffel Natrium Bicarbonat,
3 Pfefferminzblätter,
1 Liter heisses Wasser,
1 weisse Kerze,
1 weissen Unterteller

Nun mische das Salz, die Lorbeerblätter, das Natrium Bicarbonat und die Pfefferminze in dem heissen Wasser und rühre gut um.

Dann lasse das ganze auf Körpertemperatur abkühlen und schütte das Wasser über Deinen gesamten Körper, vom Kopf aus ganz langsam nach unten.

Anschliessend entzünde die weisse Kerze auf dem weissen Unterteller

(dessen Boden Du mit Salz bedeckt hast) und stelle diese in eine Ecke Deines Hauses und sprich :

„Verlasst mein Heim ihr bösen Kräfte, denn dieses Licht und dieses Salz sind mächtiger als ihr."

Dann sammele die Reste der Zutaten, die niedergebrannte Kerze und das Salz auf dem Unterteller in einer Papiertüte und schmeisse alles weit entfernt von Deinem Heim in den Müll.

7. Böses abschrecken

Um das Böse, Schlechte abzuschrecken und von Dir, Deinem Heim und Deiner Familie fern zu halten, nimm einen Tonkrug.

In diesen Tonkrug fülle ein:
Etwas Meerwasser,
7 Gewürznelken,
7 schwarze Pfefferkörner und
7 Erdnüsse.

Nun verschliesse den Tonkrug mit dem Blatt einers beliebigen Baumes oder einer beliebigen Pflanze und befestige das Blatt mit Pflanzenfasern, sodass der Krug gut verschlossen ist.

Bewahre den Krug in einer Ecke Deines Hauses auf.

Wiederhole diese Magie alle 3 Monate, benutze dabei immer den gleichen Tonkrug.

Die Zutaten des vorhergehenden Rituales vergrabe in einem Blumentopf oder einem Blumenbeet.

8. Geist und Körper verschliessen

Um Geist und Körper zu verschliessen und so vor dem Eindringen negativer Energien zu schützen, solltest Du folgendes tun:

Nimm eine Schüssel. In dieser Schüssel mische :
3 Stengel Majoran,
3 Lorbeerblätter,
3 Stengel Rosmarin und reichlich Wasser.

Rühre alles gut um und lass dann die Schüssel für exakt 22 Stunden stehen. Nach 22 Stunden tauche Deine Füsse in die Schüssel, für die Dauer von 5 Minuten. Während der gesamten Zeit mache das Zeichen des Kreuzes und sprich :

„Mein Geist und mein Körper sind auf ewig für negative Energien verschlossen.
Amen!"

Zum Abschluss schütte das Wasser in den Ausguss, die Pflanzenteile in den Müll.

Reinige die Schüssel und benutze sie anschliessend wie gewohnt.

9. Gegen den bösen Blick

Gib 3 Knoblauchzehen, eine in Scheiben geschnittene kleine Zwiebel und

1 Lorbeerblatt in eine Tasse. Nun schütte kochendes Wasser über die Zutaten in die Tasse.

Warte einige Augenblicke, dann schütte das Wasser über Deine Haustür und Deine Türschwelle.

Die Pflanzenteile und die Tasse schmeisse anschliessend in den Müll.

10. Schaltet schlechte Schwingungen ab

Nimm 2 Gänseeier. Trenne das Eigelb vom Eiweiss und lege die Eigelb in einen Kochtopf. Den Topf mit den Eigelb stelle für mindestens 4 Stunden in die Sonne.

Später schmeisse die Eigelb in einen Blumengarten oder einen Blumentopf und sprich dabei:

„Verschwindet für immer aus meinem Leben, schlechte Schwingungen !"

Reinige den Topf gut und benutze ihn anschliessend wie gewohnt.

11. Schütze Dein Heim

Lege in jede Ecke Deines Hauses oder
Deiner Wohnung 3 Körner grobkörnigen
Salzes.

Immer wenn Du in einer Ecke die
Salzkörner niederlegst, mache das Zeichen
des Kreuzes und sprich dabei die folgenden
Worte :

„Jedes Haus hat Ecken, jede Ecke hat einen
Heiligen. Im Namen des Vaters, des Sohnes
und des heiligen Geistes ! „

Lasse die Körner für 3 Tage dort liegen,
dann sammele sie alle ein und schmeisse sie
anschliessend in ein fliessendes Gewässer.

12. Frei sein von Traurigkeit

Entzünde 1 weisse Kerze und 1 rosa Kerze für Deinen bevorzugten Schutzheiligen.

Dann fülle einen Teller mit Süssigkeiten und stelle diesen Teller zwischen die Kerzen.

Die Süssigkeiten biete San Cosme und San Damiào als Dank dar, dafür dass sie Deine Traurigkeit von Dir wegnehmen.

Wenn die Kerzen niedergebrannt sind, verteile die Süssigkeiten an die nächsten Kinder, die Du treffen kannst.

Den Teller kannst Du nach der Reinigung, wie gewohnt benutzen.

13. Wendet Missgunst ab

Zutaten :

1 Handvoll Rosmarin,
1 Handvoll Lanvendel,
1 Handvoll Majoran,
1 Handvoll Salz,
4 Liter Wasser

Koche alle Zutaten in dem Wasser. Dann lasse es abkühlen.

Anschliessend lasse das Wasser über Deinen Körper laufen, vom Kopf aus nach unten.

Lasse Deinen Körper ganz natürlich trocknen (ohne Handtuch o.ä.)

Danach kleide Dich in weisse Kleidung.

In dieser Kleidung lege Dich an 3 aufeinander folgenden Tagen zum schlafen hin.

Tagsüber bewahre die Kleidungsstücke seperat auf, ohne dass jemand sie berühren kann.

Nach Ablauf dieser 3 Tage, wasche die Kleidungsstücke und benutze sie gewohnt.

14. Gegen alles Schlechte und Böse

Nimm je ein Blatt eines Kleeblattes,
ein Blatt einer Sonnenblume,
1 Gewürznelke,
1 Lorbeerblatt,
1 Kaffeebohne,
1 Korn grobkörnigen Salzes und
1 Knoblauchzehe.

Nun fertige aus einem Stück rotem Stoff
und rotem Faden ein kleines
Amulettbeutelchen.

In dieses Säckchen fülle alle die Zutaten
hinein und nähe es dann gut zu.

Trage das Beutelchen entweder immer bei
Dir, oder lege es an einen Ort, wo es
niemand sehen oder gar anrühren kann.

15. Dein Heim ohne negative Energien

Besorge Dir eine schöne Topfpflanze Deiner Wahl.

Stelle Deine Pflanze an einen Platz in Deinem Wohnzimmer, wo sie jedermann gut sehen kann.

Behüte und pflege die Pflanze mit all Deiner Kraft und Hingabe.

Je schöner Deine Pflanze sich entwickelt, desto besser wird sich auch Dein Leben entwickeln.

16. Hält Klatschmäuler fern am Arbeitsplatz

Für Frauen :

Für die Dauer von 7 Tagen stecke eine Knoblauchzehe in eine Schublade oder einen Schrank Deines Arbeitsplatzes.

Für Männer :

Ebenfalls für die Dauer von 7 Tagen stecke eine Knoblauchzehe in ein Glas zusammen mit 2 Salzkörnern.

Dieses Ritual sollte alle 7 Tage wiederholt werden, mit jeweils neuen Zutaten.

Die alten Zutaten schmeisse in den Müll.

17. Ritual für eine ganze Woche des Glücks

Sogleich nach dem Aufstehen, am Sonntagmorgen, dem ersten Tag der neuen Woche, nimm ein neues, unbenutztes Geschirrhandtuch und mache an einem Zipfel das Handtuchs einen Knoten.

Dabei sprich die folgenden Worte :

„So wie die Woche heute beginnt, beginnt auch mein Glück. Mit der Woche die heute eintritt, betritt auch die Liebe, Frieden und alles Gute meine Woche."

Anschliessend hänge das Handtuch für mindestens 5 Minuten aus dem Fenster.

Es ist besonders wichtig, dass in dieser Zeit niemand das Handtuch berührt, während es die Energien der Natur aufnimmt.

Nach diesen 5 Minuten hole das Handtuch herein, löse den Knoten und benutze es an diesem Sonntag wie gewöhnlich.

Am folgenden Freitag wasche das Handtuch und benutze es anschliessend in gewohnter Weise.

Dein Heim wird die ganze Woche über, exellente Energeien anziehen.

Kapitel IV

Vertraue auf die Macht und Kraft des
Wassers und der Pflanzen

1. Öffnet Wege und Möglichkeiten

Nimm eine Handvoll Melisse (Melissa
officinalis) und 4 Narzissen und koche
alles zusammen in 2 Litern Wasser kurz
auf.

Anschliessend warte 30 Minuten und dann
lasse das Wasser langsam vom Kopf aus
nach unten über Deinen Körper fliessen.

Zum abtrocknen benutze ein neues, völlig
unbenutztes weisses Handtuch. Die Reste
der Pflanzen schmeisse in den Müll.

Das Handtuch kannst Du nach dem
waschen wie gewöhnlich benutzen.

2. Hält Feinde ab

Nimm eine Handvoll Veilchenblätter, ein
Stück Blatt einer Bananenstaude, eine
Handvoll Kamillenblüten, eine Handvoll
Blüten und Blätter eines Stiefmütterchens
(viola tricolor l), eine Handvoll Rosmarin,
sowie einen Löffel Honig, die Blütenblätter
einer rosafarbenen Rose, eine Gewürznelke
und eine Stange Zimt.

Gib alles zusammen in einen Topf mit 3
Litern kaltem Wasser.

Verschliesse den Topf und lass alles
zusammen langsam heiss werden.
Koche alles kurz auf.

Dann entferne alle festen Teile aus dem
Wasser und lege diese zum trocknen in die
Sonne.

Das Wasser schütte langsam vom Kopf aus
nach unten über Deinen Köper. Die
getrockneten Pflanzenteile verbrenne
anschliessend zusammen mit einem
Räucherstäbchen Deiner Wahl, an einem
Dienstag, exakt um 12.00 Uhr Mittags.

Die Asche der Pflanzen und des
Räucherstäbchens übergib dem Wind.

3. Dieses Bad hilft Wünsche zu realisieren

Wasche eine Handvoll Meeresalgen, eine Handvoll Orangenscheiben,

1 Blatt einer Aloe Vera und schneide anschliessend alles in kleine Stückchen.

Koche alles zusammen mit einer Tasse Cocosmilch in 3 Litern Wasser auf. Lass alles abkühlen und gib dann noch 7 Tropfen Lavendelöl hinzu.

Schütte das Wasser dann über Deinen Körper, vom Kopf aus nach unten. Lass Deinen Körper dann trocknen, jedoch ohne ein Handtuch zu benutzen. In dieser Zeit, in der Dein Körper trocknet, denke intensiv an Deinen Wunsch.

Wiederhole dieses Ritual 1x wöchentlich, solange bis Dein Wunsch realsisiert ist.

Die Reste der Pflanzen schmeisse in den Müll.

4. Erfolg im Leben

Achtung !

Dieses Ritual darf nicht bei abnehmendem Mond ausgeführt werden.

An einem Freitagabend gib 3 Gewürznelken, 3 Zimtstangen, 1 Suppenlöffel Zucker, 7 Tropfen Deines Lieblingsparfüms, 3 gemahlene Muskatnüsse,

1 Suppenlöffel Honig, eine Handvoll Lavendel sowie eine Prise Sandelholz in 3 Liter kochendes Wasser und lass es dort für 30 Minuten ziehen.

Schütte das Wasser vor dem Schlafengehen über Deinen Körper, anschliessend trockne Dich ab wie gewohnt.

Dieses Ritual sollte an 2 weiteren, aufeinanderfolgenden Tagen wiederholt werden.

Kapitel V
Mit diesen Ritualen und Rezepten lebst Du und Deine Familie in Harmonie

1. Wendet alles zum Guten

Um Gesundheit, Liebe und Harmonie anzuziehen, besorge Dir ein Bild des San Benedito (Heilige Benedickt), dem Schutzpatron der Familien und Heimstätten.

Sobald Du ein Bild hast, beginne sogleich am folgenden Morgen, täglich die erste Tasse Kaffee (oder Tee) San Benedito anzubieten.

Stelle diese seperate Tasse auf den gemeinsamen Frühstückstisch und achte darauf, dass niemand diese Tasse ausleert.

Nach dem Frühstück danke San Benedito mit folgenden Worten :

„San Benedito, mit Deiner Hilfe und der Hilfe Gottes wird sich in diesem Haus alles zum Besten wenden. Niemals wird es uns an Gesundheit, Liebe, Zärtlichkeit, Frieden, Ruhe, Verständnis und genügend Geld fehlen."

Anschliessen schütte den Kaffee des San Benedito in den Ausguss.

Solltest Du einen Morgen mal vergessen, dieses kleine Ritual durch zu führen, so ist das nicht so schlimm. Du solltest nur darauf achten, dass Du es regelmässig ausführst.

2. Hilft und unterstützt Deine Kinder bei Prüfungen

Nimm 3 Stengel Rosmarin und lege diese in eine Schüssel mit Wasser. Lasse alles zusammen für eine Nacht im Mondlicht stehen.

Am folgenden Tag nimm die Stengel zwischen Deine Hände und zerreibe sie so, als würdest Du Dir die Hände damit waschen.

Trockne anschliessend Deine Hände nicht ab, sondern lasse sie an der Luft trocknen.

Mache dieses Zauber an 3 Tagen vor der Prüfung und auch noch an 2 Tagen nach der Prüfung.

Wechsele den Rosmarin täglich und auch das Wasser. Anschliessend schmeisse den Rosmarin in den Müll. Die Schüssel kannst Du nach der Reinigung wie gewöhnlich benutzen.

3. Schütze Dein Heim vor allzu neugierigen Blicken

Wenn Du Besuch erwartest von dem Du weisst, dass er Dein Heim und Dein Hab und Gut neugierig und neidisch durchsucht, verstecke eine Knoblauchzehe in der Nähe Deiner Einganstür.

Wenn Dein Besuch dann gegangen ist, schmeisse die Knoblauchzehe in den Müll.

4. Glück für Dein Heim

Tropfe einige Tropfen Deines Lieblingsparfüms in alle vier Ecken Deines Hauses oder Deiner Wohnung, an jedem ersten Freitag eines Monates.
Anschliessend nimm ein Ritualmesser und mache in jeder Ecke das Zeichen des Kreuzes damit in die Luft.

5. Schutz vor schlechten Energien

Sammele 7 Kiefern,- oder Tannenzapfen
sowie 7 Schneckenhäuser und bewahre
diese für 7 Tage in einem Stoffbeutel auf.

Am 8. Tag verstecke die Schneckenhäuser
in Deiner Wohnumg.

Die Zapfen vergrabe in einem Garten oder
einem Blumentopf.

6. Gute Energien für Dein Heim

Jedesmal bevor Du Dein Heim verlässt,
halte kurz inne vor der Eingangstür, schlage
das Zeichen des Kreuzes und sprich :

„Geh mir aus dem Weg Pech und Unglück,
denn ich werde bestehen durch mein
Glück."

7. Vereint zerstrittene Geschwister

Nimm eine herkömmliche Schnur und miss 7 Handspannen ab.

Nach jeder Handspanne mache 1 Knoten, also ingesamt 7 Knoten je Kordel. Mache für jedes Deiner Kinder eine Kordel mit 7 Knoten.

Anschliessend knote alle Kordeln zusammen und schliesse sie zu einem Kreis.

Dann lege die gesamte Kordel in eine Ecke oder eine Schublade Deines Wohnzimmers.

Lasse sie dort solange liegen wie Du möchtest oder glaubst sie zu benötigen.

8. Frei sein von schlechtem Einfluss

Um frei zu sein vom schlechten Einfluss durch andere Personen, besorge Dir ein wenig Späne eines Stierhornes (oder schabe Dir selbst ein wenig von einem Stierhorn ab).

Diese Späne mische anschliessend mit der Schale von 3 Knoblauchzehen. Verbrenne dann beides zusammen in einer kleinen feuerfesten Schale.

Die Asche streue in jede der vier Ecken Deines Hauses oder Deiner Wohnung.

Die Reste der Asche schmeisse in ein Blumenbeet oder vorzugsweise in ein fliessendes Gewässer.

9. Gesundheit für die ganze Familie

Vereinige all Deine Familienmitglieder.

Dann nimm einen Meter rotes Band und bitte jedes Familienmitglied

7 Knoten in das Band zu knüpfen. Jedes Familienmitglied macht also

7 Knoten in das Band und löst sie anschliessend gleich wieder auf, bevor es das Band an den nächsten weitergibt.

Lass Deinen Partner als vorletzten und Dich selber als letzte Person die Knoten knüpfen und lösen.

Nachdem Du selber die Knoten geknüpft und gelöst hast, schliesse das Band mit einem einzigen Knoten zu einem Kreis und lege es unter die Matratze Deines Bettes, auf die Seite auf der Du selber schläfst.

Lass es dort solange Du möchtest.

Wenn Du glaubst es sei nicht mehr nötig, schmeisse das Band in den Müll.

10. Für Hamonie in der Familie

Nimm einen neuen, unbenutzten Schlüssel und einen neuen, ebenfalls unbenutzten Nagel.

Den Nagel schlage in die Eingangstür Deines Heimes und hänge anschliessend den Schlüssel daran auf.

So wird jedesmal wenn eines Deiner Familienmitglieder das Haus betritt ein wenig mehr Harmonie in Dein Haus einziehen.

11. Überfluss und Wohlergehen für ein neues Heim

Wenn Du einen Umzug in ein neues Heim, oder eine neue Wohnung planst und wünschst dort ohne Sorgen, glücklich und zufrieden leben zu können. Dann nimm 3 Tage vor dem Umzug, ein Päckchen Zucker, ein Päckchen Kaffee, ein Päckchen Salz und bring dies alles in die neue Wohnung.

Wenn Du einen Freund oder eine Freundin bitten kannst alles für Dich in der neuen Wohnung zu deponieren, wird Dein Zauber noch zusätzlich an Kraft gewinnen. Am Tag des Einzuges mach mit dem deponierten Kaffee, Zucker und Salz die erste Mahlzeit für alle.

12. Wunscherfüllung

Besorge Dir ein Bild des San Sebastian, ein weisses Band und 3 weisse Rosen.

Das Band kürze exakt auf die Länge der Körpergrösse der Person, die einen Wunsch erfüllt haben möchte.

Dann befestige die Rosen an dem Band, an jedem Ende eine und in der Mitte des Bandes eine.

Anschliessend verknote die Enden des Bandes und lege das Band dann in Form eines Kreises aus.
Das Bild des San Sebastian lege in die Mitte des Bandes (Kreises).

Für die Dauer von 7 Tagen, stelle Dich 3x täglich in den Kreis und bitte um das, was gewünscht wird.

Am 8. Tag schmeisse das Band und die Rosen in den Müll.

Das Bild des San Sebastian gibt der Person, die etwas wünscht, zur Aufbewahrung.

13. Beseitigt alles Schlechte aus Deinem Leben

An einem Vollmondtag, exakt um 12.00Uhr Mittags, begib Dich an einen Ort, an dem es viel Grün gibt, einen Wald, einen Park oder ähnliches.

Nimm ein gewöhnliches Küchenmesser und male (ritze) damit ein Kreuz in den Boden.

Anschliessend schreibe mit einem Stift auf ein weisses Stück Papier die folgenden Worte :

„Sonne Du Stern des Lebens und der Natur, vernichte mit Deinen Strahlen alles Böse und Schlechte, dass andere mir wünschen, aus meinem Leben und nimm es mit Leichtigkeit von mir fort."

Dann mache ein Loch in das Zentrum des Kreuzes und vergrabe den Zettel dort.

Verlasse den Ort ohne Dich umzublicken und vermeide einen erneuten Besuch bis zum nächst folgenden Vollmond.

Zuhause, um exakt 18.00 Uhr sprich ein
Gebet zu Deinem bevorzugten
Schutzheiligen.

Den Stifft und das Messer kannst Du
anschliessend wie gewohnt benutzen.

Kapitel VI

Tschau Pech !

Jetzt ist ein für alle mal Schluss mit der schlechten Phase Deines Lebens.

1. Gebiete dem Pessimismus zu verschwinden

Nimm 7 Steichhölzer, entzünde sie und lass sie brennen bis sie von allein verlöschen (Vorsichtig ! Nicht die Finger verbrennen).

Die Reste der abgebrannten Streichhölzer tue in eine leere Streichholzschachtel.

Dann bitte ein Kind darum, die Reste der Streichhölzer über Deine Schulter, hinter Dich zu werfen. Dreh Dich auf gar keinen Fall um, um zu schauen wohin die Streichhölzer fallen.

Ideal um diesen Zauber zu machen, ist ein ruhiger, etwas abgelegener Ort, wo die Streichhölzer nicht gleich nach Deinem Ritual abgeräumt werden können.

Die leere Streichholzschachtel schmeisse anschliessend in den Müll.

2. Ruft Glück herbei

Zuhause schlage einen neuen Nagel, mit Hilfe eines Hammers, in die Aussenwand oder Haustür Deines Hauses, in die Aussenseite.

Dann biege den Kopf des Nagels nach unten um, sodass er zum Boden zeigt.

Lasse den Nagel dort für 7 Tage.

Am 8. Tag entferne den Nagel und schmeisse ihn in den Müll.

Den Hammer benutze weiter wie gewöhnlich.

3. Wendet Undank ab

Nimm je eine Handvoll Lavendel, Majoran und Rosmarin und mische alles mit 3 Litern kochendem Wasser.

Wenn die Mischung dann auf ca. 30 Grad abgekühlt ist, spüle Deinen Körper damit ab.

Lass das Wasser vom Kopf aus über Deinen Körper laufen.

Wiederhole dieses Bad an 7 aufeinanderfolgenden Montagen.

Schmeisse jedesmal die benutzten Kräuter in den Müll und verwende neue Kräuter für die Zubreitung eines neuen Bades.

Zum abtrocknen benutze ein weisses Handtuch.

Trockne Dich jedesmal mit dem selben Handtuch ab.

4. Es reicht ! Schluss mit dem Pech

Wenn Du das Gefühl hast, es geht in
Deinem Leben nicht vorwärts und Du bist
vom Pech verfolgt, dann nimm etwas
Olivenöl in die linke Hand.

Mit der rechten Hand, mache mit etwas
Olivenöl das Zeichen des Kreuzes auf
Deine Stirn, Deine Fusssohlen und Deinen
Puls der linken und der rechten Hand.

Anschliessend schütte 1 Glas frisches
Wasser über Deinen Kopf und ein zweites
Glas Wasser über Deinen Körper.

Während Du dies tust, sprich 2x mit lauter
Stimme Deinen vollständigen Namen.
Mache dieses Ritual mit all Deinem
Glauben und all Deiner Kraft, im Namen
Gottes und der Jungfrau Maria

5. Nie mehr Pech haben

Nimm 3 Münzen eines beliebigen Wertes und besteige damit einen beliebigen Omnisbus (sollte es in Deiner Nähe keine Omnibuslinie geben, lege eine Strecke Fussweg fest und tue so, als gebe es dort 3 Haltestellen).

An der ersten Haltestelle, erinnere Dich an einem Moment des Unglücks in Deinem Leben, schmeisse eine der Münzen über Deine linke Schulter hinter Dich und so wie die Münze Dich verlässt, sage Adeus zu Deinem Unglück.
Wiederhole dies an den nächsten beiden Haltestellen auf die gleiche Weise.
Auf dem Weg von der letzten Haltestelle bis zu Deinem Heim, sprich ein Dankgebet.

6. Schirmt Pech ab und zieht Glück an

Aus 3 Bändern, einem weissen, einem blauen und einem grünen Band, flechte einen Zopf.

An die Enden eines jeden Bandes befestige eine alte Münze (keine aktuelle Währung).

Anschliessend tauche den Zopf mit den Münzen in ein Glas Rotwein.

Den so getauchten Zopf lege auf einem Tisch zum trocknen aus.

Wenn der Zopf getrocknet ist, lege ihn so aus, dass er einen Kreis bildet.

In das Zentrum des Zopfkreises stelle einen weissen Teller, auf diesem entzünde 4 Kerzen : 1 grüne Kerze, 1 weisse Kerze, 1 blaue Kerze und eine rote Kerze.
Arrangiere die Kerzen ebenfalls in einem Kreis, wobei die rote Kerze im Zentrum stehen soll.

Dann sprich über den Kerzen die folgenden Worte :

„So wie die Kerzen niederbrennen, verschwindet das Pech aus meinem Leben und das Glück zieht ein."

Wenn alle Kerzen niedergebrannt sind, schmeisse die Reste und den Zopf, weit weg von Deiner Wohnung, in den Müll.

Die Münzen bewahre in Deinem Haus auf, verteile sie derart, dass sie ein Dreieck innerhalb Deines Hauses bilden.

Das Weinglas und den Teller benutze nach der Reinigung wie gewöhnlich.

7. Das Leben meistern

Mische 3 Knoblauchzehen (zerquetscht), einen Geldschein beliebigen Wertes, etwas Essig und eine Prise Salz zu einem Brei.

Vergrabe anschliessend diesen Brei, so nahe wie möglich an einem Baum.

Vergräbst Du den Brei an einem Tag mit viel Sonne, wirst Du schwierige Hindernisse in Deinem Leben schneller überwinden.

Vergräbst Du den Brei bei Mondlicht, wird sich Dein Leben zum geruhsamen hin wenden.

Machst Du diesen Zauber an einem Regentag, werden die Ergebnisse etwas länger auf sich warten lassen, dafür aber um so effektiver sein.

8. Treibt das Pech aus dem Haus

Richte in Deinem Haus (oder Deiner Wohnug) einen Tisch her, mit Kuchen und Süssigkeiten, sowie Limonade oder heisser Schokolade.

Dann lade 7 oder 14 Kinder zum Essen ein.

Mache dieses kleine Fest zu Ehren der Schutzheiligen San Cosme und San Damião und bitte die Beiden darum, mit ihrer Hilfe und dem Kinderlachen für immer das Pech aus Deinem Haus zu vertreiben.

Nach dem Fest entzünde eine Kerze im Andenken an die beiden Heiligen.

Kapitel VII
Erfolg total
Simpatien und Zauber die Türen für
neue Möglichkeiten öffnen

1. Wohlstand

Lege 3 Geldscheine eines beliebigen
Wertes (von einer noch gültigen Währung)
auf einen weissen Teller und entzünde um
die Geldscheine herum, 1 weisse Kerze, 1
gelbe Kerze und 1 grüne Kerze.

Während die Kerzen niederbrennen, sprich
ein Gebet (oder Deinen Wunsch) für
Deinen bevorzugten Schutzheiligen und
bitte ihn (oder sie) um Wohlstand und
Überfluss.

Wenn die Kerzen niedergebrannt sind,
schmeisse die Reste zusammen mit den
Geldscheinen in ein fliessendes Gewässer.

Bewahre den Teller nach der Reinigung gut
auf und verwende ihn nur noch für neue
Rituale.

2. Gehe Deinen Weg ohne Hindernisse

Kauf einen Rosenkranz, egal aus welchem Material und von welcher Farbe und segne ihn in einer Kirche.

Zuhause fahre mit dem Rosenkranz über Deinen gesamten Köper und sprich dabei soviele Glaubensbekenntnisse, wie Du dafür benötigst.

Anschliessend bewahre den Rosenkranz immer in Deiner unmittelbaren Nähe auf, z.B. in Deiner Tasche, Hosentasche, unter Deinem Kopfkissen etc.

Vor schwierigen Situationen nimm den Rosenkranz in die linke Hand und sprich ein kurzes Gebet, in dem Du um Hilfe und Kraft bittest, die vor die liegende Situation zu meistern.

3. Für Anerkennung am Arbeitsplatz

Um die Aufmerksamkeit und Anerkennung Deiner Vorgesetzten zu erlangen, nimm eine Bluse (Frauen) oder ein Hemd (Männer), einer beliebigen Farbe.

An diesem Hemd / oder Bluse nähe einen roten Knopf, unter alle übrigen Knöpfe.

Nähe diesen Knopf mit rotem Faden an.

Vernähe den Faden nicht, sondern lasse ein Stück Faden überhängen.

Dann trage diese Bluse / oder dieses Hemd zur Arbeit und stelle Dir so intensiv wie möglich vor, wie Du die Anerkennung und Aufmerksamkeit Deiner Vorgesetzten erlangen wirst.

4. Schlüssel zum Glück

Wickele 7 Schlüssel (die niemand mehr benötigt) in ein Stück Papier beliebiger Grösse und Farbe und sprich ein Gebet zu San Pedro.

Diese Schlüssel werden Dir dienen um neue Möglichkeiten zu erschliessen, neue Geschäfte zu eröffnen.

Sie bringen Dir weiterhin Gesundheit, Liebe und Glück im Spiel.

Bewahre das Schlüsselpäckchen in einer Schublade Deiner Küche auf und achte darauf, dass niemand jemals die Schlüssel auspackt.

5. Sichere Dir einen guten Arbeitsplatz

Am 7 Tag eines beliebigen Monats, sprich 7 Ave-Maria und 7 Vater-Unser.

Mach diese Gebete für Deinen persönlichen Schutzengel.

Während dessen nimm ein Stück eines weissen Küchenhandtuches und nähe mit einem weissen Faden ein kleines Beutelchen.

In dieses Beutelchen stecke 7 Samenkerne eines Granatapfels.

Dann nähe das Beutelchen gut zu und trage es als Amulett immer bei Dir

(z.B. in der Geldbörse, Hosentasche oder Handtasche).

6. Glück und Erfolg für Dein ganzes Leben

Nimm ein Kreuz eines beliebigen Materials und beliebiger Grösse,

1 Hufeisen, 1 Hasenpfote und eine Knoblauchzehe und lege alles zusammen auf dem Fussboden Deiner Küche aus.

Nun entzünde eine Kerze in Deiner Lieblingsfarbe und tropfe auf jedes der ausgelegten Objekte einige Tropfen Kerzenwachs.

Dann stelle die Kerze an einen sicheren Ort, wo niemand ausser Dir sie sehen oder anrühren kann und lasse sie dort brennen, bis sie von allein verlischt.

Wenn die Kerze niedergebrannt ist, wickele alle Objekte und die Reste der Kerze in ein rotes Küchenhandtuch und lege das Paket unter Dein Bett.

Lasse es dort für exakt 7 Tage.

Am 8. Tag wickele alles aus, die Objekte (Kreuz, Hufeisen etc.) benutze wie Amulette, die Reste der Kerze und das Küchenhandtuch schmeisse weit entfernt von Deinem Haus in den Müll.

7. Wachse in Deinem Beruf

An einem Freitag besuche einen Gottesdienst.

Zum Gottesdienst nimm mit : 3 Zweige Rosmarin, 3 Münzen eines beliebigen Wertes und eine Handvoll ungekochten Reis.

Am Ende des Gottesdienstes lege den Rosmarin und die Münzen zu Füssen Deines bevorzugten Heiligen nieder und verlasse dann die Kirche, ohne Dich umzudrehen und zurück zu blicken.

Vor der Kirche einige Schritte entfernt, werfe den Reis aus und sprich dabei (laut oder in Gedanken)
1 Vater-Unser und
1 Ave-Maria für Deinen Schutzengel.

8. Frieden und Glück Tag für Tag

Koche die Blütenblätter von 3 weissen Rosen in 1 Liter Wasser kurz auf und lasse dann alles abkühlen.

Nun entzünde eine weisse Kerze für Deinen Schutzengel, an einem Ort, wo niemand sie anrühren kann.

Dann nimm ein Bad wie gewöhnlich.

Bevor Du Dich abtrocknest, nimm das Rosenwasser und giesse es in Form eines Kreuzes über Deinen Körper.

Beginne am linken ausgestreckten Arm über Deine Schulter zum rechten ausgestreckten Arm und anschliessend vom Kopf aus nach unten.

Lösche dann die Kerze und bewahre sie in einer Schachtel oder Dose auf.

Dieser Zauber muss 3 mal in einer Woche, an den Tagen Dienstag, Donnerstag und Samstag wiederholt werden.

Verwende immer die gleiche Kerze.

Am letzten Tag dann, lasse die Kerze vollständig niederbrennen und sprich 1 Vater-Unser und 1 Ave-Maria.

Sammele alle Rosenblätter und den Kerzenrest in einem Stück Zeitung, wickele alles ein und schmeisse dann alles zusammen in den Müll.

9. Wendet Unheil ab

In einer abgelegenen Strasse (oder dem Korridor Deines Hauses), an einem Montagmorgen um exakt 6.00Uhr, lege ein weisses Band von exakt 9 Metern Länge aus.

Pro Meter Band lege 1 Rose und stelle eine weisse Kerze auf.

Entzünde dann alle Kerzen, aber achte darauf, dass kein Kerzenwachs auf das Band und die Rosen tropft.

Wenn die Kerzen niedergebrannt sind, sammele die Kerzenreste und die Rosen in einer Papiertüte ein.

Vergrabe die Tüte dann weit entfernt von Deinem Haus.

Anschliessend wasche Dir gründlich die Hände und lasse sie an der Luft, ganz natürlich trocknen.

Nun nimm das weisse Band und befestige es am Kopfteil Deines Bettes.

Kapitel VIII

Zusammenleben
Beseitige schlechte Einwirkungen
und Einflüsse aus Deinem Leben

1. Wendet Feindschaften ab

Befestige ein rohes Ei an einem Zipfel eines Küchenhandtuches.

Dann tauche das Ei, 7 mal in eine Schüssel mit kaltem Wasser.

Anschliessend koche das Ei und vergrabe es in einem Blumentopf mit Erde.

Über dem Topf sprich folgende Worte :

„Genauso, wie ich dieses Ei vergrabe, begrabe ich meine Feindschaft mit......(hier sage den Namen der Person). „

Am folgenden Tag pflanze ein Küchenkraut (z.B. Petersilie, Thymian etc) in den Topf mit dem vergrabenen Ei.

2. Damit sich Feindschaften in Freundschaften wandeln

Schreibe den Namen (oder die Namen) der Person, die Dir mit Feindseligkeiten begegnet, auf ein Stück weisses Papier.

Dann falte das Papier und lege es auf den Boden eines Glases.

Fülle nun das Glas zur Hälfte mit Zucker und fülle es dann mit Wasser vollständig auf.

Nun verschliesse das Glas mit einem Deckel und stelle es an einen Ort, an dem es niemand sehen oder gar anrühren kann.

Lasse es dort für 7 Tage.

Am 8. Tag schütte das Wasser mit dem Papier in eine Topfpflanze oder ein Blumenbeet.

3. Verteidige Dich gegen Neid und Missgunst

Wenn eine neidische und / oder missgünstige Person Dich besucht, schliesse (wenn die Person Dein Haus verlässt) ganz langsam die Tür hinter der Person und male mit dem Daumen Deiner rechten Hand,

3 Kreuze auf das Türblatt und sprich dabei :

„Geh weit fort von mir, schwarzer Geist des Neides und des Missgunst."

4. Befreit von Neid

In einer Schüssel sammele etwas Regenwasser.

In dieses Regenwasser gibt 7 Körner grobkörnigen Salzes.

Bevor Du ein Bad nimmst, stelle Deine Füsse in diese Schüssel.

Achte darauf, dass Du zuerst Deinen rechten Fuss in die Schüssel stellst. Anschliessend schütte das Wasser in den Ausguss und warte mindestens 30 Minuten bevor Du dann ein Bad nimmst.

5. Schreckt unerwünschte Besucher ab

Um unerwünschte Besucher aus Deinem Haus fern zu halten, versuche folgendes :

Nimm ein Kisscen (beliebiger Grösse) ohne Bezug, welches nicht mehr benutzt wird.

Auf dieses Kissen schreibe mit einem schwarzen Stift den Namen der unerwünschten Person.

Dann stecke das Kissen in einem Koffer und verschliesse diesen gut.

6. Beseitigt selbstsüchtige, eigennützige oder berechnende Personen aus Deinem Leben

Schreibe den Namen der Person, die Du aus Deinem Leben fernhalten willst, 7 mal auf ein Stück Papier, dass noch niemals benutzt wurde.

Dann roll das Papier zusammen und stecke es in eine kleine Flasche eines Erfrischungsgetränks (kein alkoholisches Getränk).

Verschliesse die Flasche mit einem Korken und Kerzenwachs.

Anschliessend vergrabe die Flasche in einem Garten und stelle Dir dabei vor, je tiefer Du gräbst umso weiter wird die Person von Dir fern bleiben.

Danach sprich 3 Vater-Unser und 3 Ave-Maria.

7. Frei von Feindschaften

Um schlechte Personen aus dem Weg zu räumen, nimm am ersten Freitag eines Monates ein beliebiges Kleidungsstück und trage es für 6 Stunden, mit der linken (der Innenseite) nach aussen gewandt.

Anschliessend lege es, ebenfalls mit der linken Seite nach Aussen auf einen Altar, Schrein, oder in die Nähe einer Heiligenabbildung, ebenfalls für mindestens 6 Stunden.

Wiederhole diesen Zauber noch 2 weitere Male.

Dann benutze das Kleidungsstück wie gewohnt.

8. Nimmt schlechten Personen die Kraft

Um negative und schlechte Kräfte zu neutralisieren, die gegen Dich intervenieren, gehe in eine Kirche, zum Altar der Jungfrau Maria.

Dort entzünde 13 weisse Kerzen, die Du in Form eines Kreuzes aufgestellt hast, für die Seele der betreffenden Person und sprich ein Gebet für sie.

Danach gehe 13 Schritte rückwärts, dann drehe Dich um, verlasse die Kirche ohne die umzublicken.

9. Bannt Klatschmäuler

Gleich nach dem Aufstehen, nimm ein Stück Papier und schreibe mit einem roten Stift, den oder die Namen der Personen die Dich mit Klatsch, Tratsch und Lügen behelligen auf den Zettel.

Anschliessend nimm ein beliebiges Stück Fleisch und wickele es in das Papier, mit den Namen nach innen ein.

Wenn Du das Haus verlässt, nimm das Päckchen mit und gibt das Stück Fleisch, dem ersten Hund der Dir über den Weg läuft, zum fressen.

Den Zettel schmeisse anschliessend in ein fliessendes Gewässer.

Den roten Stift kannst Du wie gewöhnlich benutzen.

10. Lügner und Neider entlarven

Um einen Lügner oder Neider in Deinem Bekannten,- und Freundeskreis zu entlarven, lasse immer ein Glas Wasser, indem sich 3 Stücke Holzkohle befinden, hinter Deiner Eingangstür stehen.

Wenn Du Besuch von einer Person bekommst, die die Unwahrheit sagt, oder Dich nur ausspionieren will, dann wird sich die betreffende Person in Deinem Haus überhaupt nicht mehr wohlfühlen und sie wird schneller als gewöhnlich wieder gehen.

Als letzten Beweis, wird sie nicht so schnell wieder auf einen Besuch vorbeikommen.

Wechsele das Wasser und die Holzkohle mindestens 1x monatlich.

Das Wasser schütte in den Ausguss, die Holzkohle schmeisse in den Müll.

11. Bannt und hält unerwünschte Personen ab

Wenn Du Besuch von einem lästigen Störenfried erhälst, warte ruhig und gelassen ab, bis er (oder sie) Dein Haus verlässt.

Dann nimm eine Handvoll Vogelfutter und schmeisse dieses auf den Weg, den die Person betreten hat und sprich dabei folgende Worte :

„So wie die Vögel fliegen und dieses Futter mitnehmen und niemals zurückkehren, so wirst auch Du (hier sprich den Namen der Person) fortgehen und niemals mehr zurückkehren."

Wenn Du das Vogelfutter z.B. in den Flur Deiner Wohnung geworfen hast, fege es auf und schmeisse es anschliessend an einem Ort, mit Vögeln, zum fressen aus.

12. Bannt Streit und Missgunst unter Arbeitskollegen

Am ersten Freitag eines Monates, es sollte ein arbeitsfreier Tag für Dich sein, gehe um 7.00 Uhr morgens in eine Kirche und hinterlasse 7 Münzen eines beliebigen Wertes, in der Nähe der Eingangstür, innerhalb der Kirche.

Dann verlasse die Kirche ohne die umzudrehen oder zurück zu blicken.

Sollten anschliessend Deine Hände oder Füsse anfangen zu kribbeln oder zu jucken, wasche sie in einem fliessenden Gewässer, mit grobem Salz und lasse sie an der Luft trocknen.

13. Schütz Dein neues Heim vor negativen Einflüssen

Wenn ein Umzug in ein neues Heim bevorsteht und Du dieses Heim vor negativen und schlechten Einflüssen schützen willst, dann tue folgendes :

Mische eine halbe Flasche Wein mit einem Suppenlöffel Honig und ausreichend Wasser, um einen Wischlappen darin einzutauchen.

Dann wische mit dem Lappen die Türschwelle Deines neuen Heimes und lass sie natürlich trocknen.

Später kannst Du sie wie gewohnt reinigen.

Einen Tag vor Deinem Umzug nimm die zweite Hälfte der Weinflasche,

1 Geschirrhandtuch und eine Dose Sardinen und stelle alles in die Mitte Deines neuen Wohnzimmers.

Am Umzugstag schmeisse dann alles zusammen, die Weinflasche (mit dem Wein), das Handtuch und die Sardinen in den Müll.

14. Glück mit neuen Freunden

Wenn eine Person, die Du zum Freund gewinnen möchtest, Wein mag, dann mach diesen einfachen Zauber.

Bei Eurem nächsten gemeinsamen Treffen, trinke ein kleines Glas oder kleinen Kelch Rósewein, lieblich, und stosst damit mindestens 3x auf Eure Freundschaft an.

15. Bannt und wendet Intrigen an Deinem Arbeitsplatz ab

Nimm 30cm eines weissen Bandes und eine Fotografie Deiner Person, auf der Dein ganzer Körper zu sehen ist.

Dann schlinge das Band um die Fotografie und forme dabei ein Kreuz.

Befestige das Band zum Schluss mit einer Schleife.

Anschliessend hinterlege die Fotografie an Deinem Arbeitsplatz, z.B. in einer Schublade oder einem Schrank, wo sie niemand sehen oder gar anrühren kann.

Solange die Fotografie niemand anrührt oder sieht, bist Du vor Intrigen geschützt.

Sollte die Fotografie entdeckt weden, wiederhole diesen Zauber mit einem neuen Band und einer neuen Fotografie und bewahre sie noch verborgener auf.

Kapitel IX

Macht und Kraft der Kerzen
Bring Licht in Dein Leben mit der
Macht und der Kraft der Kerzen

Kerzen bringen Licht, Erleuchtung und Hilfe in unser Leben.

Sie konzentrieren Energie, Glaube und Kraft des Willens, welche sich bereits in uns befinden.

Darüber hinaus verhilft das Licht der Kerzen unseren Wünschen zum Erfolg und zur Verwirklichung.

Das Licht der Kerzen, ebenso wie das Feuer, haben schon immer eine wichtige Rolle im Leben und der Geschichte der Menschheit gespielt.

Sei es um Häuser und Burgen zu erleuchten oder grossen Denkern und Dichtern zu helfen, ihre grossartigen Ideen niederzuschreiben.

Wichtige Dokumente die, die Geschichte der Welt zum Guten, wie zum Schlechten hätten verändern können, wurden an Kerzen verbrannt.

Hexen und Heiden erlitten das gleiche Schicksal in den Feuern der Inquisition.

Kerzen, in all ihren Farben und Formen, mit Duft oder ohne, faszinieren mit ihrem Licht die Menschheit und bringen uns die Kraft und die Macht einer Tradition die niemals stirbt.

Kerzen und die Sprache der Farben

Wenn Du eine Kerze als Hilfe und Unterstützung für Dein Ritual oder Deine Bitte entzündest, kann es ausserordentlich wichtig sein, zu wissen welche Farbe Dich aktiv bei Deinen Wünschen, Bitten und Ritualen unterstützen kann.

Die Farbe Blau

Blaue Kerzen vermitteln Weisheit und Verständnis, aber auch Harmonie und Wohlstand.

Entzünde eine blaue Kerze, wenn Du dringend mit jemandem sprechen möchtest, oder Dich zu entspannen wünschst.

Doch auch immer dann, wenn Du nach einer Problemlösung suchst, die im Zusammenhang mit finanziellen oder geschäftlichen Themen steht.

Blaue Kerzen helfen desweiteren um Frieden nach Streit zu schliessen, wenden Traurigkeit ab und unterstützen bei Prüfungen oder Einstellungsgesprächen.

Die Farbe Gelb

Eine gelbe Kerze stimuliert die Kreativität.

Benutze immer dann eine gelbe Kerze,
wenn Du Wünsche oder Bitten vorträgst,
die Deinen beruflichen Sektor betreffen,
oder sich um Dein Studium drehen.

Gelbe Kerzen wenden alles Schlechte von
Dir ab und helfen Dir zu erkennen, welche
Deiner Freunde Dich betrügen und welche
nicht.

Sie bekämpfen Depressionen und
unterstützen Dich, wenn Du Hilfe brauchst.

In schwierigen oder komplexen Situationen
verleihen sie Dir den rechten Überblick.

Gelbe Kerzen solltest Du entzünden, wenn
Du Dich auf die Natur einstimmen willst,
Träume entschlüsseln suchst, Kinder
schützen möchtest und Mutlosigkeit
abzuwenden versuchst.

Die Farbe Gold

Goldene Kerzen sind ideal, wenn Du positive Energien und gute Einflüsse für Dein Leben anzuziehen wünschst.

Die Farbe Grün

Grüne Kerzen bringen Dir Erneuerung.

Du solltest sie entzünden für alle gesundheitlichen Angelegenheiten, insbesondere bei Erkrankungen.

Darüberhinaus kannst Du grüne Kerzen verwenden, wenn Du das Gefühl hast, Unterstützung zu benötigen und um Deinen Geist für etwas Neues zu öffnen.

Grüne Kerzen beenden Probleme an der Arbeit, schützen bei Unwettern, garantieren Frieden und Harmonie in der Partnerschaft und bringen Freude.

Desweiteren helfen sie Dir bei der Realisierung Deiner Wünsche und bringen Dir Wachstum.

Die Farbe Lila / Violett

Lila Kerzen funktionieren wie ein Stimmulationsmittel.

Sie transformieren Zorn und Hass, in Liebe und Güte.

Mit einer lila Kerze kannst Du jeden Raum reinigen und vor negativen Energien schützen.

Du solltest eine lila Kerze entzünden, wenn Du meditierst.

Sie wird Dir helfen Deine Spiritualität und Intuition zu erhöhen oder auch beim Studium religiöser Themen.

Lila Kerzen helfen Dir, Zweifel zu beseitigen (z.B. vor der Ausführung eines Rituales) und halten negative Gedanken ab.

Sie bringen Dir Glück in Freundschaften und der Arbeit und schützen Dich auf langen Reisen.

Die Farbe Silber

Silberne Kerzen sind ideal um negative
Energien zu bannen und an den Verursacher
zurück zu senden.

Die Farbe Weiss

Weisse Kerzen sind kraftvolle, mächtige
Übermittler für Frieden, Reinheit und Güte.
Weisse Kerzen solltest Du entzünden vor
jeder dringenden Bitte, für Dich selber oder
auch für andere.
Doch Du kannst auch immer dann eine
weisse Kerze verwenden, wenn Du Dir
nicht sicher bist, welche Farbe Du für Dein
Ritual verwenden sollst.

Die Farbe Rosa

Rosa Kerzen symbolisieren die reine und bedingungslose Liebe.

Sie bringen Gleichgewicht und Ausgeglichenheit in stürmische Zeiten der Partnerschaft und alle Herzensangelegenheiten.

Rosa Kerzen vergrössern Zuneigung, Zärtlichkeit und die Grosszügigkeit der Menschen.

Du solltest rosa Kerzen entzünden in jedweder Angelegenheit der Gefühle und Emotionen.

Darüberhinaus schützen sie in Momenten der Prüfungen unserer Gefühle und bringen Hoffnung in Zeiten der Hoffnungslosigkeit.

Die Farbe Rot

Rote Kerzen werden immer dann entzündet, wenn es um dringende, ja nahezu unmögliche Angelegenheiten geht, da sie uns die nötige Entschiedenheit und Entschlossenheit vermitteln.

Bevor Du eine rote Kerze entzündest, lasse zuerst eine weisse Kerze brennen, da diese dann der roten Kerze noch mehr Kraft verleiht.

Darüberhinaus verleihen Dir rote Kerze Mut, Dynamik und ermöglichen es Dir unter Umständen auch mal die Krallen zu zeigen.

Rote Kerzen helfen Dir bei finanziellen Problemen , bringt Angelegenheiten mit der Justiz auf den Weg.

Wendet Personen die Dir Schlechtes wollen, von Dir ab.

Hilft verlorene Gegenstände wieder zu finden, vernichtet und beseitigt Zustände der Verbitterung und des Schmerzes.

An dieser Stelle bleibt mir nur
noch,
Dir alles erdenklich Gute zu
wünschen.
Mögen all Deine Wünsche, Träume
und Sehnsüchte
in Erfüllung gehen !

Hilfe für Kinder in Brasilien

Hilfe für Kinder in Brasilien In Form von gut erhaltener Kinderkleidung für Kinder von 0 bis 14 Jahren. Sie können Ihre Spende direkt senden an:

**Radio Comunitaria Palmares F.M. A/C.
Fernando Catarino
Rua General Osorio 1655
96230-000 Santa Vitoria do Palmar/RS
Brasil**

**Im Süden Brasiliens gibt es sehr kalte
Monate (Juni bis September) in denen**

die Temperaturen bis unter 0 Grad absinken. Es leben etliche Familien in überaus ärmlichen Verhältnissen, mit einem monatlichen Einkommen von 80 Real (ca. 30 Euro). Die allerwenigsten Häuser verfügen über eine Heizquelle. Die Kinder dieser Familien laufen auch in den kalten Monaten ohne Strümpfe, nur mit einer Art Gummi Badeschuhen, ohne Pullover oder Jacke herum.

Auch das Waisenhaus von Santa Vitoria nimmt gern Hilfe und Unterstützung entgegen.

Dieser Aufruf darf gerne kopiert und weitergereicht werden!

Angelika Ebersbach

Schutzengel Magie

Arbeitsbuch für Energiearbeiter

Lerne die Welt der Engel besser kennen um
einzutreten in die Syntonie mit den himmlischen Wesen. Die Engel sind immer und
überall um uns herum, in jedem Augenblick
unseres Lebens. Sie sind nicht so, wie wir
sie von Bildern, aus Filmen oder aus der
Kunst kennen, doch sie sind immer als
Wächter und Beschützer an unserer Seite.
Sie bringen und leisten Hilfe, überbringen
göttliche Botschaften aus dem Himmel
oder auch Botschaften von der Erde in den
Himmel. Sie sind in ständiger Bewegung
und einige Personen, welche sich bereits in
völliger Syntonie mit den himmlischen Wesen befinden, sind im Stande, diese Bewe-
gungen wahrzunehmen. Die Engel befinden
sich in ständiger Bereitschaft uns zu helfen,
zu unterstützen, es reicht völlig aus sie
darum zu bitten und schon eilen sie uns zur
Seite. Sie bringen uns innere Ruhe, Ausgeglichenheit, Botschaften und Hoffnung.

ISBN – 13: 9783837070149
Verlag BOD, 228 Seiten, € 17,95

Friedbert Becker

Der Psycho Bestseller

Dieses Buch beschreibt die Möglichkeiten und Unglaublichkeiten der menschlichen Seele. Der Psycho Bestseller enthält verschiedene Werkzeuge, die Sie benötigen um das Beste aus Ihrem Leben zu machen.

ISBN 978-3-8370-1940-7

ISBN-10: 3837019403

Paperback, 176 Seiten, € 14,95

Friedbert Becker

Hypnose & Regression

Arbeitsbuch

ISBN-10: 3837066789

ISBN-13: 978-3837066784

224 Seiten, € 19,90